物語で学ぶ

地域共生社会をつくるソーシャルワーク

植田寿之

創元社

物語で学ぶ　地域共生社会をつくるソーシャルワーク　目次

第二話　かけがえのない一人の人としての尊重……63

第三話　さまざまな専門機関や住民のつながり……104

装丁　濱崎実幸

はじめに

昔に比べて、地域の人々のつながりが薄くなってきたと感じている人は決して少なくないでしょう。もちろん年代によっても暮らしてきた地域によっても違うでしょうが、日本社会全体を見渡すと、確実に地域の人々のつながりは薄くなっているようです。

そのため、孤独死、老老介護の末の殺人事件、認知症高齢者の行方不明、八〇五〇問題、世代を問わないひきこもりや虐待、ダブルケア、ヤングケアラーなど、さまざまな福祉的な問題が起こるようになりました。また、ゴミ、悪臭、騒音、駐輪や駐車、ペットなどに関わる出来事から、住民同士のトラブルも発生しています。さらに、まだ名前がついていない問題がすでに起こり、その渦中で生活のしづらさや生きにくさを感じながら暮らしている人もいるでしょう。そして、結果として「孤立」や「排除」に陥っている人や世帯が存在しているのも現実です。

これらの問題は、地域そのものの問題と無関係ではありません。近隣の人と何か月も会っていない、話していない、あるいは顔を知らない。会ってもあいさつ程度しか交わしたことがない、あるいはあいさつすら交わさない。こうした状況の延長線上に、これらの問題が存在しているのではないでしょうか。つまり、多くの地域では、住民のつながりを改めて構築する必要があるという課題を抱えているのです。それは、大きな災害が起こったときに、高齢者や障害者など支援を必要としている人たちをいかに支援するのか、把握するのかといった課題にも直結しています。

二〇一六年六月二日、「ニッポン一億総活躍プラン」が閣議決定されました。その中では、「すべての人々が地域、暮らし、生きがいをともに創り、高め合う『地域共生社会』を実現する」とされています。以降、さまざまな政策が打ち出されました。国の政策に基づいていかに仕組みをつくるかは、確かに市町村行政の課題です。しかし、地域住民すべてが支え合うためには、行政だけではなく、地域住民自らの意識の変革や努力、それを引き出しコーディネートする専門職や専門機関の役割も大切になるのです。

本書では、物語をとおして、地域住民や専門職の、つながりを求めた取り組みを紹介します。解説では、福祉専門職に限らずほかの分野の専門職、地域で活動する住民や行政に携わる方々も、すべての人が知っておくとよいソーシャルワークの専門技術も紹介します。

成長していく地域や地域住民の姿、それを支える福祉専門職や行政の取り組みから、読者のみなさんがそれぞれなりに何かを感じ取っていただければ幸いです。そして、地域共生社会への歩みのために、自分の立場や役割としてできること、しなければいけないことを模索し、活動や仕事にやりがいを見出す一助となることを願っています。

主な登場人物

熊野文太（六八歳）　桜台自治会長　クマさん　坂下とともに新しい安心・安全ネットワークを牽引。普段は穏やかで思慮深いが、根は短気。妻佐知は、ひきこもり男性の植松と同級生。

坂下勝矢（六八歳）　自主防災会会長　サカさん　さまざまな団体を調整し、新しい安心・安全ネットワークを構築。思い立つとすぐに動かないと気がすまない性格。

植松京介（六二歳）　ひきこもり男性　キョーさん　妻に先立たれ、家庭を顧みなかった罪の意識にさいなまれる。熊野や妻佐知、坂下たちの支えで徐々に立ち直り、密かに地域に貢献。

黒田芳子（八二歳）　初期の認知症。ふとしたきっかけから、自宅はゴミ屋敷と噂され、ボヤの危険により近隣から排除されかけるが、専門職と地域住民の力によって防ぐ。

稲葉美咲（一三歳）　中学二年生　家族が抱える問題の狭間で、ヤングケアラー、不登校に陥るが、専門職や親友、地域住民の支えやボランティア活動をとおして自分を取りもどす。

稲葉千代子（八二歳）　稲葉美咲の祖母　息子と孫娘の世話をすることで活き活きするが、膝の障害、認知症の発症で、美咲の介護を受ける。美咲とは互いになくてはならない存在。

伏尾和彦（六二歳）　市社会福祉協議会 生活支援コーディネーター　桜台の新しい安心・安全ネットワーク構築を支援。専門性が高く、行政、関係機関、地域住民の信頼は厚い。

北峰子（三五歳）　地域包括支援センター 社会福祉士　伏尾と相談しながら、介護支援専門員や民生委員・児童委員、地域住民とともに、桜台の問題や課題解決に貢献。

吉坂典子（七三歳）　民生委員・児童委員会会長　積極的に地域を歩き、問題や課題を抱えた地域住民と専門機関との橋渡しをする。桜台にいる一一人の民生委員・児童委員のとりまとめ役。

熊野琢磨（二一歳）　自治会長・熊野の次男 大学三年生　父親との確執に苦しむが、ボランティア活動をとおして、新しい自分を発見する。からだが大きく優しいと近所では評判。

橋本日和（一三歳）　中学二年生　稲葉美咲の親友美咲とは同じ町内に住んでいる。学校帰りに一緒に宿題をしたり、ボランティア活動をとおして不登校の美咲を支える。

松場聡史（四二歳）　災害で両親と弟を亡くした。さらに新たな逆境に置かれながらも、東南アジア籍の妻タオ、子どもの尚哉との絆や防災活動をとおして自分の使命を見出す。

河原真紀（六七歳）　民生委員・主任児童委員　リストラされ、自暴自棄の結果の虐待で離ればなれになった松場一家を支える。植松の妻の民生委員仲間であり、親しい友人だった。

橋本忠夫（四〇歳）　橋本日和の父親　子育て世代のボランティアグループわかもの会のリーダー。本町で実家の惣菜屋を営んでいたが、弟に任せ、桜台で地域食堂を開く。

桜台マップ

東中学校
桜小学校
素盞嗚神社
坂下家
7号公園
稲葉家
熊野家
橋本家
黒田家
6号公園
松場家
ひといき
ほっと
さくら荘
コーポ
さくらんぼ
5号公園
集会所
植松家
4号公園
スーパー
郵便局
3号公園
スーパー
歩道
桜駅
2号公園
咲良山
1号公園
人口　約5,500
世帯　約1,800

本書のねらいと構成

プロローグ

↓

第一話　地域共生社会へと向かう視点

- 罪の意識にさいなまれるひきこもり男性が立ち直るきっかけ
- 孤独死をめぐる地域ケア会議での課題抽出
- 地域が「地域共生社会」へと歩き始める姿

→「地域共生社会」の背景や考え方、政策の動向、実現に向かうためのソーシャルワークの基本を理解する。

↓

第二話　かけがえのない一人の人としての尊重

- 認知症の独居老人をめぐる地域住民の「共生」と「排除」の意識
- 専門職と地域住民の連携・協働による支援
- 有償ボランティア団体の始動と活用

→支援者の自己覚知、援助関係の形成、「価値」に基づくソーシャルワークの実践について理解する。

第三話　さまざまな専門機関や人々のつながり

- 多様で複合的な問題を抱えた家族への支援
- 分野を超えた専門職ネットワークとゆるやかな地域住民のつながり

→重層的なネットワークの有効性、ネットワークを活かしたセーフティネットの構築、行政の責任としての仕組みづくりについて理解する。

第四話　福祉と防災の連携・協働

- 住民のつながりが薄い集合住宅対策をめぐる自主防災活動
- 誰一人取り残さない防災のための個別避難計画の作成
- 地域住民、専門職、行政の連携・協働

→福祉と防災の一体化から生まれる地域共生社会、平常時の「防災のためのソーシャルワーク」について理解する。

↓

第五話　地域共生社会へと歩む展望と課題

- 小学校と中学校を応援するボランティア団体の設立
- 地域における総合相談窓口の設置
- プラットホームとしての地域食堂の立ち上げ

→「重層的支援体制整備事業」という地域共生社会の実現に向かう体制整備、それを展開するソーシャルワーク、ストレングス視点について理解する。

↓

エピローグ

プロローグ

植松京介、六二歳。大手出版社で長年編集の仕事に従事してきた。「先生」と呼ばれる気位の高い作家や学者をうまくもち上げ、ヒット作を連発した凄腕《すごうで》の編集者だ。博識で処世術にも長け、業界でも一目置かれる存在だった。

しかし、家庭を顧みず仕事に明け暮れ、子育てや家事、近隣や親戚との付き合いはすべて妻の良子に任せていた。早朝には家を出、夜遅く帰る日々。ときには会社に泊まることもあり、家族と話す機会はほとんどなかった。娘が一人いるが、すでに海外で独立している。

退職後には、家族に罪滅ぼしをしようと思っていたが、その矢先、妻の良子は亡くなった。昨年一二月のことだった。膵臓癌《すいぞうがん》とわかってから二か月という恐ろしく早い展開だった。すでに定年を超えていたが、次の三月まで勤めるつもりだった。だが、良子が亡くなり、すっかり気力をなくしてしまった。良子の死後一日も出勤せず、一月に退職したのである。

妻の良子は、何かと世話好きで、桜台に引っ越してきてからボランティアとして活動し、五年前からは民生委員・児童委員を任されていた。

地域で活動し、たくさんの人と接していると、いろいろ疲弊することもあったのだろう。しかし、良子がどれだけ心のよりどころを求めていたのか、そんなことに思いを馳せたこともなかった。罪滅ぼしと言ったところで、何をして許してもらおうと思っていたのか。ただ三月に退職をすることを決めていただけではないか。体調が悪かったことにも気づいてやれなかった。ぎりぎりまで辛抱していたんだ。俺が殺してしまったようなものではないか。

淋しいとか苦しいとか、しんどいとか、良子は一切そんなことを口にしたことはなかった。でもそれは、俺には言えなかっただけなのだ。ひたすら仕事をしていた俺に心配をかけたくなかったのか、はなから言っても無駄だと思っていたのか。今となってはわからないのが情けない。

良子は、許すも許さないも、俺に対してそんな気持ちを抱いていたわけではない、たぶん。でも、俺は勝手に、仕事を辞めることで罪滅ぼしをして許してもらおうなんて……。脳天気で、良子の気持ちに想いを寄せようともしない自分勝手な大馬鹿野郎もいいところだ。

一日の大半を布団とこたつで過ごす日々、植松の頭の中では、そんな罪の意識がめぐっていた。

自治会長の熊野文太と妻の佐知が、週に一度ほど差し入れをもってきてくれる。佐知と植松とは幼なじみで、かつては、「サッちゃん」「キョーちゃん」と呼び合っていた。それぞれ結婚し、ともに桜台に引っ越してきていたが、住宅地内のスーパーで偶然出くわして驚いた。

差し入れは、チンするだけでいい炒め物や煮物だ。人に会いたくないので夜中のコンビニに行くのだが、どれもこれも味気なかったので、本当にありがたかった。しかし、佐知に面と向かって「ありがとう」が言えない。ひたすら励ましてくれる言葉が重いのだ。励ましに応えることができず、うしろめたくて目を合わせることすらできない。佐知が帰ったあとは決まって自分を責める。

良子が亡くなり二か月経った二月のある日、「キョーちゃん、痩せたね……。ちゃんと食べなさいよ」。帰り際、力なくそう言う佐知は、目に涙を浮かべていた。

「どう？　ちゃんと食べてる？」

次の土曜日、熊野が佐知の代わりに連れてきたのは坂下勝矢だった。ボランティア団体である自主防災会の会長を務めている。葬儀であいさつを交わしたので植松には面識があった。良子のボランティア仲間であることも、そのときに聞いて知っていた。

「佐知が、キョーさんのことをとても心配して、でも顔を合わすのがつらくて、俺とサカさんで様子を見にくることにしたんだ」

「やっぱり、サッちゃんにつらい思いをさせていたんですね」

植松は、申し訳ない気持ちでいっぱいになった。

熊野と坂下が座敷に上がり、こたつに腰を下ろすと、座椅子に座る植松よりもはるかに座高がある。二人ともかつて柔道をしていたらしい。そのがっしりとした大きなからだに圧迫感を感じた。

「植松さんも飲むだろ」

「は、はい」

坂下は、レジ袋から缶ビールを取り出すと、植松と熊野に二本ずつ配った。

熊野は、「佐知がもたせてくれたんだ」と言いながら、手提げ袋からタッパーを取り出す。肉じゃがと唐揚げ、それに白和《しらあ》えだった。「おにぎりもあるぞ」と熊野は付け加えた。

熊野も坂下もよくしゃべる。昔の仕事のこと、地域のこと、ボランティアのこと。しかし、ただ二人でしゃべっているのではない。特に坂下は、植松を会話に巻き込み、決して置き去りにしない。植松は自分への配慮だとすぐにわかった。無理がなく実にうまい。おかげで圧迫感は少し和《やわ》らいだ。

「サカさんは、これからの桜台になくてはならない人なんだ」

熊野は、坂下の物事を推し進める行動力をそう評した。思い立ったら動かないと気がすまない。生まれてから死ぬまで泳ぎ続けるマグロのような人だった。

きっかり一時間半、「クマさん、そろそろ帰ろうや」と坂下が言うと、「そうだな」と熊野は答え、二人ともすくと立ち上がった。

「これは、今度きたときに飲むから、ちょっとは残しておいてよ」

熊野が一升瓶を植松に手渡すと、「邪魔したな」と坂下。

「毎週土曜日にくるからな」

熊野がそう言うと、二人はあっさり引き上げて行った。

(毎週土曜日か……)

植松は、三人で話すことで罪の意識を忘れ、心安らぐ時間になりそうな気がした。見上げると、遺影の良子は、はにかんだような半分の笑顔で、「きっとそうなるよ」と話しかけてくれているようだった。

二回、三回と、熊野と坂下の訪問が重なるにつれ、三人の場は打ち解けていった。毎朝、相変わらずからだが重く、布団に横になりながらカーテンの隙間《すきま》から差し込む光を眺める日が続いていたが、土曜日の夕方は、植松にとって唯一の人と話す機会であり、心安らぐ時間になっていった。

三月四日、午後——

植松がカップラーメンをすすっていると、玄関チャイムが立て続けに鳴った。知らんふりをしていると、扉を激しく叩く音。それでも知らんふりをしていると携帯電話が振動した。出てみると、「キョーさん、生きてるか！」と大音量。植松は思わず耳から携帯を遠ざけた。

「どうしたんですか、サカさん」

走ってやってきたのだろう。息があがっている。

「おおーっ、生きてたか！」

玄関扉を開けると、坂下が肩で息をして立っている。六号公園のゴミ拾いをしていると、駅のほうで救急車とパトカーらしきサイレンが止まったという。ゴミ拾いを終えて帰ろうとしたとき、その後サイレンが鳴っていないことに気づき、気になりだして駅に向かって歩きだした。すれ違った人に尋ねてみると、一人暮らしの男性が亡くなったらしい。植松ではないかと飛んできたのだ。

「心配してくれたんですか。それはありがとうございます」

パトカーが一台まだ停まっていたが、救急車がサイレンを鳴らさずに去って行った直後だった。

「キョーさん、鍵を貸せ」

「えっ？」

「家の鍵をよこせと言ってるんだ！」

植松が差し出した玄関の鍵を、ひったくるように受け取ると、坂下はそのまま出て行った。

一時間ほどすると、坂下は熊野を連れてもどってきた。

「合鍵を二つつくったから、クマさんと俺がもっておく。当分のあいだ、毎日どちらかがくるからな」

坂下は半分怒鳴るように言い放った。

「このあいだ、めまいがして吐いたって言ってただろ。心配だから安否確認をしようと思ってな」

熊野が穏やかに説明した。

坂下が聞いたという、亡くなった一人暮らしの男性は、植松家の向かいのアパートの住民だった。集まった近所の人たちの話では老人だったという。

今朝、けたたましいサイレンの音が家の前で止《や》んだ。いまだに耳に残っている。大家さんや近所の人たちは、つけっぱなしの暖房のなか、死後一週間は経っているだろうと言っていた。それぐらい強烈な臭いがしていたという。植松は、明日の自分を見ているようで、とてつもない恐怖に襲われた。

二人は、今朝の出来事で感じた恐怖について、黙ってうなずき聴いてくれた。

「ありがとうございます」

植松は、いくぶん気分がすっきりし、誰かに聴いてもらいたかったのだと改めて気づいた。がっしりとした大柄な二人を前に、細身で小柄な植松は、さらに身を縮めながらではあったが、素直に礼が言える自分を嬉しく思った。それに、この二人の大きさにも安心を感じていた。

第一話　地域共生社会へと向かう視点

地域共生社会への始動

桜台は四五年前に造成がはじまった。駅前は最も早く着手され、そこには三階建ての集合住宅が二軒六棟建てられた。いずれも外壁は塗り替えられているが、築四十数年だから相当古い。家賃が安く訳ありの人が多いという噂は、誰もが知るところである。

桜台にもご多分に漏れず高齢化の波が押し寄せてきている。阪神淡路大震災後に立ち上がった自主防災会をはじめ、いくつかのボランティア団体、老人クラブ、それに民生委員・児童委員会は、それぞれ地道に活動してきた。しかし、肝心の自治会役員が一年で交代するので、次々と起こるさまざまな懸案や検討事項が引き継がれない。行政もよくわかっているのだろう。何かにつけ「善処します」と結論を先送りする。

一八年前に、現在の高齢社会を見越して、それぞれの団体をつなぐ「安心・安全ネットワーク」

が立ち上がっている。しかし、当時中心となっていた住民の高齢化や役員の入れ替わり、さらには住民意識の低下の影響で、次第にほころびが生じ、今や名ばかりだった。

ひきこもり男性の貢献

毎週土曜日の植松家での飲み会は、五回目を迎えた。

「キョーさんには、これからいろいろと相談に乗ってもらいたいことがあるんだ」

熊野文太が切り出した。

熊野は、妻の佐知から、「植松は子どものときから頭がいい」とか、「人間関係の調整がうまい」とか、「ヒット作を連発した凄腕の編集者」とか、「処世術に長けている」などと、いろいろと聞かされていた。それで、自治会長として植松に相談に乗ってもらったらと背中を押されたのだ。

「先日の孤独死のことで自治会の臨時集会を開くことになってな」

桜台では、この一年で三件の孤独死が発見されているという。植松のようなひきこもりも含めて、孤独死の可能性のある一人暮らしの住民、災害時に支援が必要な人や世帯を把握し、対策を講じなければいけない。以前からの課題だった。しかし、集合住宅に住む世帯の半数は自治会に入っていない。一戸建てでも、高齢で役員ができないという理由で、退会する世帯があとを絶たない。だから自治会としては手が出せないでいるという。

植松ははじめて聞いたのだが、昔、桜台には「安心・安全ネットワーク」なるものがあったらしい。それを再構築したいのだという。熱のこもった説明で、桜台の現状と再構築でめざしたいことがよくわかった。二人で相当考えて思いを積み上げてきたのだろう。熊野は、警備会社を辞め自治会長として自治会活動に専念すること。坂下は、桜台にあるいろいろな団体をまとめ上げ、中心になって安心・安全ネットワークを再構築すること。植松には、二人の決意のほどが痛いほど伝わった。

一人暮らしの高齢者や災害時などに支援が必要な住民の把握からはじめて、すべての住民の防災意識を高める仕組み、住民同士が顔の見える関係性をつくりたいという。ゆくゆくは支援が必要な人も支援する人も関係なく、互いに気にかけ合い支え合う地域をつくりたい。そういった内容だった。

植松は、思わず二人に拍手を送った。

「それはまさしく地域共生社会ですね」

二人はきょとんとしていた。

植松は、今、国が進めている政策であることを説明した。編集者として最後に手がけた本のタイトルが『地域共生社会への歩み』だったので記憶に新しい。

「まず、臨時集会に出席する人たちの賛同を得たいのですよね」

そうだと二人がうなずく。

「それでしたら、説明は今の話でいいと思います。内容も熱意も十分伝わります。ただし、協力してもらうのは、地域の人たちだけではなく専門機関も行政も——たとえば、市の社会福祉協議会や地域包括支援センター、それに市の高齢福祉課をはじめ桜台と関係の深い行政各課。専門家から、地域共生社会とは何か、今なぜ重要なのかについて説明をしてもらうこと。それに、専門機関も行政もめざしていることなので、今後は一緒に取り組むこと、ですね」

なるほどと、二人はまたうなずく。

「民生委員の吉坂さんにも根回ししておいたほうがいいなあ」

熊野がつぶやく。

「協力は、期待するものでも求めるものでもなくて、引き出すものですよ」

「わかった、キョーさん。これは心強い仲間が現れたもんだ、なあサカさん」

臨時集会

孤独死発見から二週間後、三月一八日——

自治会の臨時集会には、市社会福祉協議会（市社協）の伏尾和彦と地域包括支援センター（包括）の北峰子が同席していた。熊野と坂下は、今度こそ、一人暮らしの高齢者などの状況を把握するというやっかいな課題解決に向けて動きだしたかった。そこで二人は、事前に伏尾と北と打ち合わせをし、民生委員・児童委員会（民生委員会）会長の吉坂典子にも同意を得ていた。

二人は覚悟を決めていた。熊野は、この問題が解決し軌道に乗るまでは、期限なしに自治会長を継続する。そして、坂下が中心になって、桜台で活動するすべてのボランティア団体、老人クラブ、民生委員会、自治会を、対等な立場で新たに強固なネットワークへと再編する。すると、自治会への加入いかんにかかわらず、ネットワークとして、支援を必要とするすべての住民の状況を把握することが可能になる。住民交流の場である夏祭りなどのイベント、避難防災訓練なども、文字どおり桜台あげての実施が可能になる。

おそらくこの決意を表明すると、集会の出席者はざわつくはずだ。そこをまとめる協力を伏尾と北にはお願いしてあった。

「自治会に入っていない住民は会費を払っていないのだから救いようがない」「高齢者の状況を把握しても、それをいったいどうするのか」「個人情報はきちんと管理できるのか」「災害時は自分たちのことで精一杯だ」などといった投げやりな意見が多くを占めていた。しかし、熊野と坂下は食い下がった。そして、二人で温めてきた「新しい安心・安全ネットワーク構想」を発表した。

会場はざわついた。「大風呂敷を広げてどうするんだ」「今さらそんなことできるのかよ」「責任は誰が取るんだ」などと口々に聞こえてくる。来月から一年間役員をする予定の出席者は、眉をひそめる一方でほくそ笑む者もいた。桜台自治会は一五の町会で成り立っている。一五人の町会長から自治会長を選ぶのだ。熊野が継続するということは、自分が自治会長にならなくてもいい。

市社協から出席している伏尾は、立ち上がって静かに話しだした。

「熊野さんと坂下さんから事前に相談を受けました。お二人は本当に真剣です。改めて大きな船をつくろうとされています。坂下さんが説明された新たなネットワークは、国が進めている地域共生社会をつくる一歩でもあります。今後、人口は減り高齢化はますます進みます。世代関係なく、高齢、障害、子ども、生活困窮などの福祉分野も関係なく、それに、支援する側とされる側の垣根を越えて、お互いの存在を認め合う地域。支え合うことで誰一人孤立せず、その人らしい生活を送ることができる地域。桜台もそんな地域をめざしませんか。それは市社協がめざすことでもあります。ですから全面的に協力させていただきます。みなさんで大きな船に乗りましょうよ」

続いて、包括の北が、力強く応援の弁を送った。

「熊野さんは、お勤めの警備会社を今月いっぱいで辞めて、自治会長に専念されます」

再び会場はざわついた。熊野は、長年勤めた警察を退職後、警備会社から神社に派遣され、定期巡回業務に従事していた。

「相当の覚悟がみなさんに伝わるでしょう。桜台も高齢化のなか、一人暮らしのお年寄りやお年寄りのみの世帯が増えています。大きな災害が起こるとたいへんなことになることが目に見えています。みなさん自身も近い将来、直面される問題ではないですか。それに、若年層のひきこもりや小・中学生の不登校、ヤングケアラーや虐待などの問題もあります。ここは一つ桜台の住民がつながって、そして一丸となって、いろいろな問題に取り組みませんか。地域包括支援センターは、地域の専門機関として一緒に歩いていきたいと考えています」

静まりかえった。

立ち上がって頭を下げている熊野と坂下に、民生委員会会長の吉坂典子が小さな拍手を送りはじめると、やがて出席者全員の大きな拍手となった。

地域ケア会議

新年度に入り、三月四日に発見された孤独死を振り返って、桜台地区の地域課題とその対策を考えるために地域ケア会議が開かれていた。主催は地域包括支援センター（包括）である。

出席者は、市から介護保険課係長、保健センター保健師一名、警察と消防から各一名。専門職として、医師会長、市社会福祉協議会（市社協）の生活支援コーディネーター一名、介護支援専門員連絡会代表。地域からは、民生委員・児童委員（民生委員）一名と福祉委員一名、桜台自治会長、孤独死が発見された西三丁目町会長。主催者として、包括の社会福祉士、主任介護支援専門員、保健師各一名、合計一四名である。主催者として包括の社会福祉士、北峰子が総合司会を務めた。

孤独死の概要

「桜台の地域課題と対策についての検討は、市社協の伏尾さんに進めていただきます」

北は、伏尾を紹介した。

伏尾和彦、六二歳。長年、地域福祉の最前線で仕事を続け、関係機関や地域住民の信頼は厚い。定年後、生活支援コーディネーターとして市社協に残った。

「三月四日に亡くなっているのが発見されたAさんですが、警察が調査してくださいましたし、主治医であったクリニックの院長、そのほか何人かの関係者にもお話をおうかがいできましたので、かなり詳しいことがわかってきました。まず、それを報告いたします」

伏尾は、あいさつのあと、さっそくノートパソコンでパワーポイントの資料を映し出した。

「Aさんは、八四歳、男性。警察によりますと、五年前に本町から桜台に住民票を移されています。奥さんと障害をお持ちのお子さんが一人おられたのですが、その直前に亡くなられました。みなさん覚えておられると思いますが、ちょうど五年前に本町で焼肉店から出火した大きな火災がありましたね。Aさんのお宅は風下だった南隣にありました。お二人はそのとき延焼で亡くなられた被害者です。たまたまAさんは、外出していて助かりました」

「あー、あのときの」と、出席者は顔を見合わせた。

「詳しくは、警察からご説明をお願いします」

伏尾が警察係長に目配せすると、係長は机の上のマイクを手に取った。

「はい、そのときのAさんの調書と当時の状況をもとに、関係するところのみご説明いたします。Aさんは、火災の際、自宅から五百メートルほど離れた小料理屋におられました。Aさんの同級生が女将《おかみ》をしているお店でして、週に二度ほど親しい友人と訪れていたようです。

焼肉店から出火したのは、五年前の二月二六日、午後八時三〇分頃でした。Aさんがサイレンに驚いて急いで帰宅してみると、三台の消防車が到着していました。風が強く乾燥注意報が出ていた最中で火の回りが早く、とても近づける状況ではありませんでした。

Aさんによると、からだに障害をお持ちのお子さん、といっても当時四三歳の男性ですが、自室のベッド上にいたそうです。おそらく奥さんはお子さんを助けようとして、二人とも間に合わなかったのでは、ということでした。実際、二人は折り重なるように亡くなっていました」

出席者はみな沈痛な面持ちをしていた。

「ありがとうございました。では、主治医や関係者の話について、北さん、説明をお願いします」

伏尾は、包括の北にマイクを手渡した。

「はい。Aさんの死亡診断をされた主治医によると、発見されたときの状況から、死因は心筋梗塞の可能性が高く、死後一週間から一〇日ほど経っていたと思われるとのことでした。

Aさんは、二〇年ほど前から、クリニックに通われていました。高血圧と糖尿病の薬が処方されていました。薬の飲み方は主治医の指示に忠実で、何度か電話で『薬を飲み忘れたがどうすればいいか』などの問い合わせをされたことがあるそうです。亡くなったと思われる日には、すでに薬は飲み終わっているはずだったのですが、三週間分ほど残っていました。それまでのAさんからは想像できないとのことです」

出席者は真剣に耳を傾けている。

「アパートの大家さんや近所の方々によりますと、そもそもこのアパートの住民同士の交流はあまりないそうです。Aさんともあいさつ程度は交わしますが、それ以上の会話はほぼないとおっしゃっていました。ゴミ出しは、ルールどおりにきちんとされていたそうです。買い物については、駅前のスーパーでされているのを、近所の方や従業員が頻繁に見かけていました。それから、重要な情報がありますので、また警察から説明していただきます」

「はい、Aさんの携帯電話の履歴を調べました。すると、亡くなったと思われる日の三週間ほど前まで、頻繁に電話でやりとりしている人がいることがわかりました。小料理屋の女将でした。小料理屋は、現在娘さんが継がれています。前の女将は、Aさんの死亡が発見された一か月ほど前に、急病で亡くなられていました。娘さんは、そのことをAさんに連絡したそうです。Aさんは、告別式にこられましたが、とても気落ちされている様子だったそうです。私からは以上です」

「どうもありがとうございました」と、伏尾が締めくくった。

その後、質疑応答が繰り返され、次のことが明らかになった。

- Aさんが薬を飲まなくなった日と、小料理屋の前女将が亡くなった日が、ほぼ一致すること。
- Aさんは、現女将である娘に、生きていく気力がなくなったと漏らしていたこと。
- Aさんが小料理屋に一緒に訪れていた友人は、一年ほど前に亡くなっていること。
- 亡くなったAさんの息子は、障害者デイサービスに通っていたこと。
- 障害者デイサービスの職員によると、Aさんも妻も、献身的に息子の世話をしていたこと。
- Aさんが桜台に引っ越してきたとき、大家のみが火災の被害者家族であることを知っていて、近隣には秘密にしていたこと、など。

当事者の気持ち

「Aさんが亡くなった時点で、奥さんと息子さんを亡くして五年、また、親しい友人を亡くして一年、同級生であった小料理屋の女将を亡くして三週間、のようです。身内や友人の死という大きな喪失体験を繰り返されたようですが、桜台ではこの五年間、どのような気持ちで暮らしておられたのでしょうね。みなさんで考えてみましょう。先ほどの情報を根拠にして、みなさんでAさんの気持ちについて仮説を立ててみたいと思います。そのことによって、出席者みんなで少しでもAさんの気持ちに寄り添うことができればと思います。では、どなたからでも」

伏尾は、発言を促した。

真っ先に、民生委員の吉坂典子の手が挙がった。

「Aさんは、もう死んでもいいという気持ちから、薬をわざと飲まなかったのではないでしょうか。自殺する勇気はなく、消極的ではありますが、生きることを放棄しようと思われたのでは……」

「そんな感じです。今の吉坂さんのように、どうぞほかの方もAさんの気持ちに寄り添って仮説を立ててみましょう」

最初は意見が出にくかったものの、コツがつかめてくると次第に意見が出てきた。

- Aさんは、自宅が火災の際、小料理屋にいたことで誹謗中傷《ひぼうちゅうしょう》もあっただろうが、励ましも多く、奥さんや息子さんの分も生きるという前向きな気持ちで、桜台に引っ越したのではないか。
- 身内を亡くしたつらさから逃れたくて、前向きに生きてみようという気持ちと、もう死んでしまいたいという正反対の気持ちの狭間《はざま》で葛藤し、苦しかったのではないか。
- 桜台に引っ越してきたとき、火災の被害者家族であることを秘密にしていたということは、騒がれたり同情されたりするのが嫌だったのではないか。だから結果として、近隣との交流はあいさつだけにするというように、深い関係を絶つことになったのではないか。

・奥さんや息子さんが亡くなったときは、Aさんを知る人々、小料理屋の女将、それに友人に支えられた。友人が亡くなったときは女将に支えられた。ひょっとしたらAさんにとって女将は最後の砦《とりで》だったのではないか。だから、女将が亡くなったときは、もう支えてくれる人はなく、自分で力尽きたと思ったのではないか。

――などの仮説が出された。すると、

「ちょっといいですか？」

今まで黙って聞いていた医師会長・合田の手が挙がった。

「私は消化器内科が専門なのですが、患者の気持ちというより、どうしても検査のデータに基づいて治療をするくせがついていて、Aさんの気持ちについての仮説という意味がよくわからなかったのです。ですが、みなさんの意見を聞いて、少しわかったような気がします。

とは言いましても、純粋にAさんに寄り添うというより、私自身の医師としての知識と経験からの仮説なのですが……。Aさんは、最後の砦である女将を亡くして、自身で力尽きたと思われていたとしたら、そういった場合、通常、不眠や食欲不振、疲労感がひどくなり、精神機能はもちろん身体機能も正常に機能しなくなることが多いのです。Aさんは八四歳ですから十分考えられます。そのときに、『もう自分は長くない』と悟られたのかもしれません。だから、このまま自然に死ぬのを待つような状況、いや気持ちだったのではないかという気がします」

出席者は、「さすが――」といった表情でうなずいている。

その後も活発に意見交換が行われた。どうやら出席者全員でAさんの気持ちを考えることで、仲間意識が生まれたようだ。

地域の課題と対策

「Aさんの気持ちについて、いろいろと仮説を立てることができました。あくまでも仮説ですので、当たっているかどうかはわかりません。でもAさんは、相当つらい気持ちを抱えて、葛藤や不安を感じながら、桜台で暮らされていたことは間違いないと思われます。そこで、仮説をふまえて、今後Aさんのような人が、幸せを感じながら暮らすことができるように、みなさんは何をすることができるでしょうか。それぞれのお立場、役割、専門性から考えてみてください」

伏尾は、次の段階に入ったことを告げた。

さっそく自治会長・熊野の手が挙がった。

「桜台では、Aさんの孤独死を受けて自治会の臨時集会を開きました。そこで、今や形骸化している安心・安全ネットワークを再構築することが決まりました。まず、桜台で活動しているすべてのボランティア団体、老人クラブ、民生委員会、それに自治会を対等な団体としてネットワーク化します。そして、自治会への加入いかんにかかわらず、すべての住民が安心して居場所を感じながら暮らしていけるような体制をつくろうとしています。

病気による孤独死もそうなのですが、今の状況で大きな災害が起こると、支援を必要としている高齢者や障害者はとんでもない状況に陥ることが目に見えています。ですから、新しい安心・安全ネットワークでは、災害の際、一人暮らしの高齢者など支援の必要な方の把握を当面の課題として掲げました。すでに、市社協と包括には、専門的なご指導をいただけるようにお願いをしています。どうかみなさまにもご指導、ご協力をよろしくお願いいたします」

熊野の発言を受けて、伏尾は、北とともに熊野から相談を受けたこと、桜台がめざしていることは国が推進している「地域共生社会」であること、「地域共生社会」とはどのような社会であるかということ、それがなぜ重要なのかということ、市社協も包括も地域の専門機関として、今後、「地域共生社会」へと歩む取り組みを、桜台や行政と一緒に進めていくことを説明した。

その後、活発に意見が出され、整理すると次のようになった。

生活課題を抱えた当事者に対して行う直接的な支援のために（ミクロ）

- 専門職や民生委員には法律で定められた守秘義務があるので、Aさんのような当事者や家族に関わる場合、それを十分説明したうえ、安心していただく。
- 要介護と認定されている高齢者については、担当介護支援専門員がサービス提供機関と綿密に連携し、何らかのリスクの可能性があれば、必ず包括と情報を共有する。
- 要支援と認定されている高齢者については、包括が確実に把握し、民生委員と情報を共有する。
- 包括と市社協共催で、福祉専門職、民生委員、福祉委員を対象として、傾聴など対人援助技術を高めるための研修会を計画する。

支援を必要とする当事者や世帯を取り巻く地域住民などへの支援や組織化のために（メゾ）

- 桜台では、最大のイベントである夏祭りを担当する自治会役員に大きな負担がかかっているが、今後は安心・安全ネットワークとして取り組む。市社協と包括はそれを支援する。
- 自治会、自主防災会、民生委員会が共同で、毎年、災害時の要支援者調査をすべての世帯に対して行い、災害時支えあいマップをつくる。市社協と包括はそれを支援する。
- また、災害時支え合いマップをもとに、具体的な個別避難計画を作成し、要支援者の避難訓練をモデル的に試みる。市の了解を得るために、市社協と包括が協力する。
- 警察と消防が、防犯や防火を目的に、高齢者のみの世帯や、高齢者にかかわらず一人暮らし世帯に、定期的にチラシを配布する。その際、民生委員が同行する。
- 防犯・防火・防災を目的とした生活安全講習会を定例で実施できるように、警察、消防、自治会、ボランティア団体で協議する。
- 自治会とボランティア団体で、個人を支援する有償ボランティア団体の立ち上げを計画する。市社協と包括はその支援をする。
- 自治会と民生委員会で、地域住民を対象とした総合相談窓口の設置を計画する。そのバックアップを市社協と包括が行い、行政と調整する。

行政や制度への働きかけ、広域での取り組みのために（マクロ）

- 行政、市社協、包括、警察、消防は、自治会から要請がある会合には出席し、情報を共有する。
- 医師会は、行政、市内の医療法人や社会福祉法人と連携し、市内各地区で健康に関するイベントが実施できるように検討する。

●包括は、地域ケア会議をとおして、地域共生社会に向けた政策提言をする仕組みを検討する。市社協は、それに協力する。

「ずいぶんたくさんのご意見が出てきました。みなさんが、Aさんの孤独死をきっかけに、地域共生社会の実現に向けて真剣に考えられた結果でしょう。ミクロに関しては、市社協と包括で早急に検討し、関係者に働きかけます。メゾに関しては、桜台で実施できるように前向きに検討しましょう。市社協と包括が全面的に協力いたします。それで市内のほかの地区にも広げるヒントをつかみたいと思います。マクロに関しては、別に地域共生社会に向けた委員会が市主催で行われますので、そこで検討するように提案したいと思います。

今日の会議録は、包括から後日送っていただくことになっています。再度ご検討いただき、それぞれに連絡を取り合って実現を模索していただけたらと思います」

伏尾がまとめにかかると、「ちょっとすみません」と医師会長の合田が再び手を挙げた。

「今日は、いい勉強をさせていただきましたし、地域共生社会の実現に向けて、認識を新たにしました。こんなことを言ったらほかの医者に叱られるかもしれませんが、医者は、患者のからだしか診ていない。その点、暮らしを支えるために多方面からものを見ることができる福祉の専門職や民生委員さん、それに、行政や専門機関の力を借りながらも、自分たちで何とかしようと一生懸命動かれている桜台の自治会やボランティアのみなさんは、本当に素晴らしいですね。

それと、Aさんの気持ちについてみなさんで考えたとき、出席者全員が同じ土俵に立っているような気がして一体感を感じました。ですから、最後に一緒にやろうといった意見がたくさん出たのだと思います。今日は、このような会議に出席させていただき、ありがとうございました」

「合田先生、ありがとうございました。先生からそのようなお言葉を頂戴して、たいへん恐縮しております。今後ともよろしくお願いいたします」

伏尾が出席者を代表して礼を言うような格好になった。

「合田先生が最後におっしゃった『同じ土俵に立つ一体感』っていいですね。地域や暮らしをよりよいものにしていくためには、立場や役割、専門性のまるで違う人たちが一緒に取り組まないといけません。同じ土俵に立たないことには、噛み合わないことが目に見えています。『同じ土俵に立つ一体感』を合い言葉に、みなさんで力を合わせて地域共生社会への確かな歩みを進めて参りたいと思います。本日はありがとうございました」

最後は、総合司会の北が締めくくった。

コラム① 人の気持ちは複雑なもの

私たちは、「本音を聞かせてよ」「本心で言ってるの?」なんて言葉をよく口にします。本音とは本心から出た言葉、本心とは本当の心、と多くの辞書で説明されています。この本音や本心をいったいどのように捉えればいいのでしょうか。

実は、人の気持ちは複雑で、孤独死したAさんのように、本音や本心が複数あって、それが相反することもあります。たとえば、好きと嫌いが心の中に同居していることがよくあるのです。あるときは、好きが前面に出てきます。しかし、嫌いもどこかにあって、あるときは、嫌いが前面に出てくるのです。そのときも、好きはどこかにあります。つまり、好きも嫌いも本音であり本心なのです。

仕事でもそうです。しないといけないとわかっていても、今日はしたくないという気持ちが勝ってしまう日があるでしょう。したくないという日でも、今日は絶対にしないといけないという気持ちが勝つ日もあるでしょう。しないといけない気持ちもしたくない気持ちも、その人にとっては本音であり本心なのです。

人の気持ちはそんなもの。ですから、一度「これが本音だ。本心だ」と聞いたその人の気持ちが、一〇〇%の本音であり本心かというと、必ずしもそんなことはないということです。

正反対の本音や本心が同居していると人は葛藤します。葛藤すると、どうしたらいいかわからなくなります。ですから、人を支えようというときは、正反対の本音や本心を抱えている気持ちのしんどさに着目したほうがいいときも、決して少なくないものなのです。

安心・安全ネットワークの再編

真新しい紺の制服と真っ白なソックス、このコントラストがなんともすがすがしいはじまりを告げる。大きなランドセルの向こうからのぞく横顔は、どの顔もつい先ほどまで心なしか緊張していた。

しかし、おしゃべりが忙しくなるにつれ、ほぐれてきた様子だ。

子どもたちが話しているのは、これまた真新しい黄色のウインドブレーカーを着たおじさんたち。背中には、「ボランティア桜台」と大きく書かれている。

「おじさん、名前は？」

ひときわ声の大きい、やんちゃそうな男の子がはしゃいで尋ねた。

「おじさんは、クマノブンタ。あだ名はクマさん」

「クマのおじさんだね。おれは、オカダタクマ。たくましいからタクマ」

「おおーっ、たくましいタクマくんか。おじさんの子どもとおんなじ名前だねぇ」

「えーっ、そうなの？」

タクマくんは、驚いて見開いた目をクマさんに向けた。

この春、桜台からは一五人の子どもたちが桜小学校に入学した。これから毎日登下校の見守りをすることになる。入学を祝うかのように桜の花びらが舞うなか、四号公園に集合して自己紹介をしあった。熊野文太は、日頃は自治会長として、校門前で子どもたちを見守ることにしている。しかし今日は、保護者との顔合わせの日でもある。ボランティア桜台防犯グループとともに行動していた。

自主防災会以外のばらばらに活動していた四つのボランティア団体は、坂下勝矢の懸命の調整で「ボランティア桜台」として統合され、その中の四つのグループとして再編された。ユニフォームの黄色いウインドブレーカーは、昨夜届いたばかりだ。入学式にぎりぎり間に合った。

四つのグループとは、小学生の登下校の見守りや住宅地内のパトロールをする「防犯グループ」、住宅地内の公園の清掃をする「環境グループ」、夏祭りや餅つき大会などを開催する「文化体育グループ」、住民間の交流を深める百歳体操やふれあいサロンを開催する「福祉グループ」である。

四つのグループはそれぞれ、自治会の「防犯防火委員会」「環境保全委員会」「文化体育委員会」「人権・福祉委員会」の四つの部会と連動している。この連動によって、自治会主催の行事の実働部隊がボランティアに委ねられることになった。毎年自治会役員が変わっても、安定して行事を進めることができる体制が形の上で整ったのである。また、自治会とボランティア桜台が協働することで、その活動は、自治会活動保険とボランティア保険両方の対象となり、より住民の理解を得る安心体制が確立したといえる。

ボランティア桜台全体の代表には、一八年前に中心となって安心・安全ネットワークを構築し、その後も尽力し続け、まだ第一線で活動する八三歳の長老が就いた。

坂下は、事務局として四つのグループへの情報の発信、収集、集約を行うことにした。また、自治会、民生委員会、老人クラブ、自主防災会など、新しい安心・安全ネットワークを構成するすべての団体のつなぎ役を担うことになった。

こうして臨時集会での約束どおり、熊野が自治会長を継続し、坂下が中心になって調整する新しい安心・安全ネットワークが誕生した。また、年に二回、各団体の代表による「桜台　安心・安全ネットワーク会議」が開催されることが決まり、その事務局も自ずと坂下が担うことになった。

熊野も坂下も、ともに六八歳。福祉のまちづくり、さらには地域共生社会への確かな歩みに向けて決意を新たにした春になったのである。

「クマのおじさん、ありがとう」

タクマくんの大きな声が校庭に響き渡った。

一五人の子どもたちは、笑顔で次々に「ありがとう」を言うと、おじさんたちに手を振りながら校庭を横切り、校舎に向かって駆けて行った。保護者は、丁寧にお辞儀をすると、子どもたちを追うように早足で校舎に向かった。

「行ってらっしゃーい！」とおじさんたちも手を振る。子どもたちが見えなくなったあとも、おじさんたちは笑顔を見合わせ、喜びと幸せな気持ちに満たされていた。

桜台　安心・安全ネットワーク

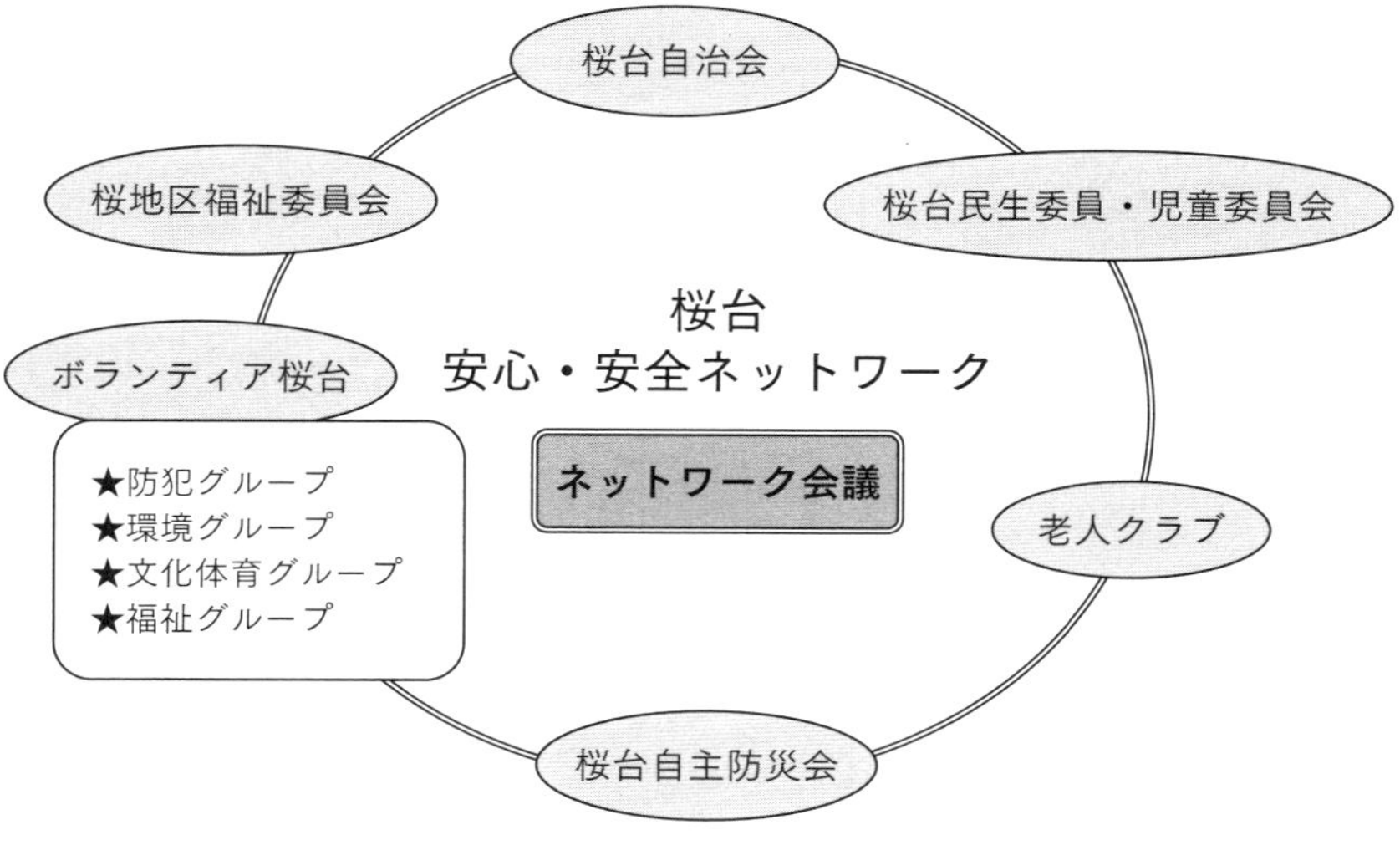

解説

地域共生社会とは

厚生労働省は、「地域共生社会」について、次のように説明しています。

「制度・分野ごとの『縦割り』や『支え手』『受け手』という関係を超えて、地域住民や地域の多様な主体が『我が事』として参画し、人と人、人と資源が世代や分野を超えて『丸ごと』つながることで、住民一人ひとりの暮らしと生きがい、地域をともに創っていく社会」（厚生労働省）

政策として「地域共生社会」が打ち出された背景

日本では、少子高齢社会に加えて、深刻な人口減少社会が到来しようとしています。二〇〇八年の約一億二八〇〇万人をピークに人口が減少しはじめ、二〇二三年には約一億二四〇〇万人になりました。二〇七〇年には、約八七〇〇万人になると推計されています。このことは、次に示すさまざまな問題に拍車をかけるとともに、経済、社会保障、財政など含め、あらゆる方面に大きな影響を及ぼすことは必至で、日本社会は変わらざるを得なくなりました。

戦後、日本の社会福祉制度は、高齢者、障害者、子ども、生活困窮者など対象者別・分野別に発展し、充実してきました。しかし、昨今、「子育てと親の介護を同時に抱える世帯（ダブルケア）」「八〇代の親が、何らかの事情で働くことができない五〇代の子の生活を年金で支え、経済的にも精神的にも大きな負担を負う（八〇五〇問題）」など、多様で複合的な問題を抱える人や世帯が増加しています。従来の対象者別・分野別のいわゆる「縦割り」に整備された制度では、「制度の狭間」に置かれる人や世帯が生まれ、対応できずに放置されるといった問題が表面化してきました。また、これらに加え、子どもや高齢者への虐待、世代を問わないひきこもり、いじめ、不登校などにより、結果的に社会から孤立する人たちや、死後何日も発見されない孤独死*も増加しています。

一方、支援する側である専門機関や専門職に関しても対象者別・分野別に制度が整備されました。そもそも対象者や分野を問わない「社会福祉士」も、配属先の大半は分野別の専門機関であって、それぞれの分野に必要な専門性を高めてきました。ですから、多様で複合的な問題、制度の狭間にいる人や世帯に、包括的に対応できる専門的な知識や技術をもった人材は、事実上極めて少ないのが現状です。また、少子高齢化や人口減少により、高齢者のみの世帯や、核家族化し夫婦共働き世帯が増加し、家族による支援が困難になってきただけではなく、地域における活動の担い手、つまり地域における「支え手」も不足してきました。

その結果、多くの地域では住民同士の人間関係が希薄化してきました。地域における福祉力が弱

*「孤独死」は、家族や親族、近隣住民とある程度の交流はあったかもしれないが、亡くなる際に一人の状態であった場合をいう。一方、「孤立死」は、家族や近隣住民との関わりが希薄で、社会から孤立した状態で亡くなる場合をいう。どちらも「誰にも看取られず亡くなる」ことである。物語に登場するAさんは「孤立死」だと思われるが、本書では、広く捉えるため、一貫して「孤独死」を使っている。

くなってきたといえます。そのため、社会的孤立や社会的排除も深刻な問題になってきました。若い世代は、地域活動をする時間的な余裕や関心がない。厳しい雇用状況により安定した就労の機会が失われ、経済的自立も難しい。それが、若い世代が地域に居場所やつながりをもちにくい一つの要因になっていることも否めません。また、多くの業界で人材不足が深刻になり、外国人を雇うようになりました。地域に外国人が増え、言葉や文化の壁により、社会的に孤立するなど不安な気持ちで暮らしている人も少なくありません。

これらの状況が複雑に絡《から》まり、多くの地域で、自治会や町会が互助的な機能を十分に果たし得ない現状にあります。多くのボランティア団体でも、自ずと社会の第一線を退いた高齢者が中心になり、要支援者の支援にあたる人たちも高齢者であるといった現状もあります。

このような背景のもと、政策として「地域共生社会」が打ち出されることになりました。

「地域共生社会」の考え方

先に述べたとおり、多様で複合的な問題、制度の狭間に置かれた人や問題に、**「縦割り」の制度では対応できません。**また、問題はその人一人に起こっているのではなく、世帯全員がその影響で何らかの生活のしづらさを抱えることになります。場合によっては、迷惑という形で近隣に影響を及ぼし、排除や孤立にもつながりかねません。ですから、**多様で複合的な問題や世帯を「丸ごと」支援する**ことが必要なのです。

また、人は誰でも高齢化します。いつ何どき、自分や家族が病気やけがで障害を抱えることになるかわかりません。学校の友だち、職場、地域や社会との交流がつらくなり、ひきこもることになるかもしれません。高齢で一人暮らしであれば、急な病気により独りで死んでしまうかもしれません。もはや他人事ではないのです。**みんなが「我が事」として捉え**、将来、自分や家族などが困らないようにするためにも、地域のつながりを地域の人々と一緒につくっていくことが大切なのです。

今後、従来のように「支え手」と「受け手」に分かれるという発想では、この世の中は成り立ちません。まもなく団塊の世代が八〇代になります。人口減少にますます拍車がかかることが目に見えています。また、今は「支え手」でも、いつか「受け手」になるかもしれません。「受け手」であるその人の存在そのものが誰かの助けや励ましにつながる「支え手」になることもあります。ですから、**「支え手」と「受け手」の関係を超える**という発想が大切になるのです。

私たちは、こうした考え方で、これから「地域共生社会」を実現していくのです。

地域共生社会の実現に向けた政策としての取り組み

二〇一五年九月、厚生労働省は、「新たな時代に対応した福祉の提供ビジョン」*を発表しました。この時点では、まだ「地域共生社会」という言葉は用いられていません。しかし、住民やさまざまな関係者と行政が協働することで、誰もが支え、支えられる共生型の地域社会を創造していくといった趣旨の方向性がはっきりと示されています。

＊新たな福祉サービスのシステム等のあり方プロジェクトチーム「誰もが支えあう地域の構築に向けた福祉サービスの実現――新たな時代に対応した福祉の提供ビジョン」2015年9月17日

二〇一六年六月二日、政府は、「ニッポン一億総活躍プラン」を閣議決定しました。一億総活躍社会とは、「若者も高齢者も、女性も男性も、障害や難病のある方々も、一度失敗を経験した人も、みんなが包摂され活躍できる社会」「一人ひとりが、個性と多様性を尊重され、家庭で、地域で、職場で、それぞれの希望がかない、それぞれの能力を発揮でき、それぞれが生きがいを感じることができる社会」などと説明されています。

ここで、「すべての人々が地域、暮らし、生きがいを共に創り、高め合う『地域共生社会』を実現する」と、はじめて「地域共生社会」という言葉が用いられました。そこでは、支え手と受け手に分かれるのではなく、地域のあらゆる住民が役割をもち、支え合いながら、自分らしく活躍できる地域を育成し、公的サービスと協働して助け合いながら暮らすことのできる仕組みを構築するという主旨が示されました。また、地域住民の強い主体性への期待も示されています。

以後の地域共生社会の実現に向けた政策としての取り組みの経緯は、表1-1のとおりです。

表1-1　地域共生社会の実現に向けた取り組みの経緯

2015年9月	**「新たな時代に対応した福祉の提供ビジョン」**（新たな福祉サービスのシステム等のあり方PT報告）
	多機関の協働による包括的支援体制構築事業（2016年度予算）
2016年6月	**「ニッポン一億総活躍プラン」**（閣議決定）に地域共生社会の実現が盛り込まれる
7月	「我が事・丸ごと」地域共生社会実現本部の設置
10月	地域力強化検討会（地域における住民主体の課題解決力強化・相談支援体制の在り方に関する検討会）の設置

12月	**地域力強化検討会　中間とりまとめ** 「我が事・丸ごと」の地域づくりの強化に向けたモデル事業（2017年度予算）
2017年2月	**社会福祉法改正案（地域包括ケアシステムの強化のための介護保険法等の一部を改正する法律案）を提出** **「『地域共生社会』の実現に向けて（当面の改革工程）」を「我が事・丸ごと」地域共生社会実現本部で決定**
5月	**社会福祉法改正案の可決・成立　↓　6月　改正社会福祉法の公布** ※改正法の附則において、「公布後3年を目処として、市町村における包括的な支援体制を全国的に整備するための方策について検討を加え、必要があると認めるときは、その結果に基づいて所要の措置を講ずるものとする」と規定
9月	**地域力強化検討会　最終とりまとめ**
12月	「社会福祉法に基づく市町村における包括的な支援体制の整備に関する指針」の策定・公表及び関連通知の発出
2018年4月	**改正社会福祉法の施行**
2019年5月	地域共生社会推進検討会（地域共生社会に向けた包括的支援と多様な参加・協働の推進に関する検討会）設置
7月	地域共生社会推進検討会　中間とりまとめ
12月	地域共生社会推進検討会　最終とりまとめ
2020年3月	社会福祉法等改正法案（地域共生社会の実現のための社会福祉法の一部を改正する法律案）を提出
6月	改正社会福祉法の可決・成立 ※市町村における包括的な支援体制の構築に関する改正規定は2021年4月施行

出典：厚生労働省資料（筆者により元号は西暦に変換）

改正社会福祉法（二〇一七年）に基づく地域共生社会の実現

二〇一六年七月から二〇一七年二月までの取り組みの経緯で、「地域共生社会」の実現に向けた当面の改革工程が示されました。同時に、社会福祉法の改正案が国会に提出されており、その内容が反映されています。この改正社会福祉法によって、法律に基づいて地域共生社会の実現に向けた政策が整備されることになりました。要点は次のとおりです。*

①「地域生活課題」の把握

縦割りの制度によらず、複合的にその世帯が抱える課題を捉え、世帯支援を前提にします。さらに、それだけではなく、社会参加の確保も含めて地域で生活する上での課題として捉えます。

②国及び地方公共団体の責務

地域住民に「丸投げ」するものではなく、「我が事」として押しつけるものでもなく、国や地方公共団体など行政が責任を明確にし、縦割りの弊害を克服するための横断的な組織再編を行います。

③関係支援機関につなぐ

複合的な課題を抱える世帯に関わり、専門職や専門機関がその解決のための支援が困難な地域生活課題を把握したときは、放置するのではなく関係支援機関につなぐ役割が求められます。

④市町村による「包括的支援体制」

地域住民や支援機関による、地域福祉の推進のための相互の協力が円滑に行われ、地域生活課題の解決のための支援が包括的に提供される体制をつくります。詳しくは、第三話と第五話の解説で

＊公益社団法人日本社会福祉士会編集『地域共生社会に向けたソーシャルワーク――社会福祉士による実践事例から』中央法規出版、2018年、p.18〜24

示すことにします。

⑤地域福祉計画

包括的支援体制を整備する上で、市町村には「地域福祉計画」、都道府県には「地域福祉支援計画」の策定が位置づけられました。ただし、義務化されたわけではなく努力義務にとどまっています。

⑥共通して取り組む事項

市町村には、福祉や保健に関する計画が複数ありますが、それぞれ担当部局が違い、同じ市町村のことであるにもかかわらず、整合性がとれていない場合があります。そのため、社会福祉計画を策定する際には、部局を超えて各分野の関係者が集い、理念や方向性の一致を図るようにします。

地域共生社会を実現するための方向性と方法

二〇一七年九月、厚生労働省は、これまでの経緯をふまえ、「地域力強化検討会　最終とりまとめ」*を発表しました。総論と各論で構成されています。総論の中では、「地域共生社会に向けて私たちは何を目指すのか」と題して表1-2の五つが示されました。

表1-2　地域共生社会の実現に向けて私たちは何を目指すのか

①それぞれの地域で共生の文化を創出する挑戦（共生文化）

個人の尊厳が尊重され、多様性を認め合うことができる地域社会をつくり出していくことは、住民主

＊地域における住民主体の課題解決力強化・相談支援体制の在り方に関する検討会（地域力強化検討会）「最終とりまとめ――地域共生社会の実現に向けた新しいステージへ」2017年9月12日

体の地域づくりを高めていくことである。しかし、お互いの価値や権利が衝突し、差別や排除が起こるのも地域。個人の課題と向き合いながら他人事とは思えない地域づくりに取り組むことで、それが文化として定着するよう挑戦し続けることに価値がある。

②すべての地域の構成員が参加・協働する段階へ（参加・協働）

地域住民、民間事業者、社会福祉法人、民生委員・児童委員、行政などといった多様な構成員が、自らの地域福祉を推進するために参加・協働する。自立は個人で完結するものではなく、社会への参加、他者とのつながりで成り立つ。そのために、行政の責務を明確にするとともに、具体的に連携するための「仕組み」と関係者の合意形成が不可欠である。

③重層的なセーフティネットの構築（予防的福祉の推進）

これからの社会福祉にとって重要な視点は「予防」である。申請主義による「待ち」の姿勢ではなく、問題が深刻化する前に早期に発見し支援につなげていく。しかし、支援の拒否や当事者が自覚していないこともある。そのため、日常的な当事者との関係づくり、近隣や民生委員・児童委員などによる見守り、専門職によるアウトリーチなどにより、必要なときに必要な支援を届けることが可能な環境を整える。

④包括的な支援体制の整備（包括的支援体制）

社会的孤立、制度の狭間、サービスにつながらない課題や将来への不安に対して、分野別、年齢別に縦割りだった支援を、当事者中心の「丸ごと」支援とし、個人やその世帯の地域生活課題を把握し、解決していく包括的な支援体制をつくる。そのために専門職による多職種連携や地域住民と協働する地域連携が必要である。

**⑤福祉以外の分野との協働を通じた「支え手」「受け手」が固定されない、参加の場、働く場の創造（多

様な場の創造）

地域の各分野の課題に即して、福祉分野から積極的に提案をすることで、これまで支援の「受け手」であった人が「支え手」にまわるような参加の場や就労の場を地域に見出していく。また、必要に応じてサービスや場をつくり出していく社会資源開発が必要である。そうした場につなぐ、場の中で人と人をつなぐ、場と場をつなぐコーディネーションやファシリテーションの機能と人材が重視される。

出典：地域における住民主体の課題解決力強化・相談支援体制の在り方に関する検討会（地域力強化検討会）「最終とりまとめ――地域共生社会の実現に向けた新しいステージへ」２０１７年９月12日（筆者により要約）

これらは、改正社会福祉法をふまえ、地域共生社会の実現に向けた大きな方向性を示したものといえるでしょう。

そして、各論として地域共生社会を実現する具体的な方法が示されました。本書の主旨にしたがい、ここでは、各論の中でも、社会福祉の専門職が、多分野の専門機関や地域住民への働きかけをとおして、密接に連携・協働していくことを示している「包括的な支援体制の構築における他人事を我が事に変えていく働きかけをする機能」*について取り上げます。そこでは、次の地域づくりの三つの方法が示されています。

①「自分や家族が暮らしたい地域を考える」という地域住民の主体性を引き出し、地域住民やほかの分野の専門機関と連携・協働する。

②「地域で困っている課題を解決したい」という気持ちで取り組みを行う、地域住民や福祉関係者とのネットワークにより、共生文化が広がる地域づくりをする。

＊改正社会福祉法（2017年）第106条の３第１項第１号

③地域住民と関係機関が、一緒になって「一人の課題から」解決することで、地域住民が我が事として認識し、地域の課題として捉えることができるように促す。

これらの三つの方法に基づき、どのように地域づくりを展開するのかについて、第一話の物語に当てはめて考えることにします。桜台で起こったAさんの孤独死からの一連の流れを振り返ってみましょう。

市社会福祉協議会の伏尾さんと地域包括支援センターの北さんは、Aさんの孤独死をきっかけに開催された桜台自治会の臨時集会に出席しました。地域の現状を知っていた二人は、自治会長の熊野さん、自主防災会会長の坂下さんが、「一人暮らしの高齢者や災害時などに支援が必要な住民の把握からはじめて、すべての住民の防災意識を高める仕組み、住民同士が顔の見える関係性をつくりたい。ゆくゆくは支援が必要な人も支援する人も関係なく、互いに気にかけ合い支え合う地域をつくりたい」と願う理想の安心・安全ネットワーク構想に賛同し、その実現に向けて協力しました。この臨時集会は、地域住民が「**①自分や家族が暮らしたい地域を考える**」機会になりました。

また、その後開催された地域ケア会議では、さまざまな立場・役割・専門性をもつ参加者を取りまとめ、桜台における地域共生社会に向けた歩みのための対策を導き出しました。その対策は、主に、問題を抱えた人たちに対して行う支援の充実（ミクロ）、支援を必要とする人たちを取り巻く地域住民などへの支援や組織化（メゾ）に向けた内容でした。これは、「**②地域で困**

っている課題を解決したい」という地域住民の気持ちを醸成するために、地域住民の代表である自治会長や町会長、民生委員・児童委員を含め、さまざまな立場・役割・専門性の参加者の心を一つにするという効果をもたらしました。

さらに、Aさんの孤独死という「**③一人の課題から**」地域の課題へと視野を広げ、地域住民と関係機関が一緒に地域づくりに取り組む足がかりをつくったともいえます。

地域共生社会を実現するソーシャルワーク

「地域力強化検討会　最終とりまとめ」で示された各論をもとに、物語から地域共生社会を実現する地域づくりに向けた展開を示してきました。これらの展開には、「ソーシャルワーク」が必要になります。もちろんソーシャルワークを専門とする「社会福祉士」は必要なのですが、より多くの「ソーシャルワーク」を理解している人が必要だということなのです。

確かに、「社会福祉士」のように、福祉分野だけではなく広く諸制度の知識をもち、ソーシャルワークの高度な専門性を総合的に発揮できる人材は、要所要所で必要でしょう。しかし、少子高齢化、人口減少に拍車がかかるなか、すべての地域に配置する人材を確保することは、困難を極めます。ですから、行政の職員も福祉分野以外の専門職も、地域で活動する自治会や町会の役員もボランティアもみな、「ソーシャルワーク」という言葉は使わずとも、少なくとも「ソーシャルワークの視点（ものの見方、捉え方）や考え方」を知ることが大切なのです。今こそ、「ソーシャルワーク」は広く開放される必要があるのです。

ソーシャルワークの基本的理解

そこで、「ソーシャルワーク」について、基本的なことを解説しておくことにします。

日本ソーシャルワーク教育学校連盟では、これからソーシャルワークを学ぼうとする人たちに、ソーシャルワークの仕事について、短い文章でわかりやすく次のように説明しています。

「誰もがその人らしく生きることができるために、すべての人の暮らしの場がより豊かになるように、人と人、人と場所、人と社会のつながりや変化をうみだすソーシャルワークとは、誰もがより楽しく、しあわせな気持ちで『生きる』ことができるようにお手伝いする仕事です」

（日本ソーシャルワーク教育学校連盟ホームページ）

ソーシャルワークのイメージ

図1-1は、ソーシャルワークのイメージです。大きな円が当事者の暮らしです。ソーシャルワークでは、当事者の暮らしが満たされる支援をさまざまな関係者と連携・協働し、コーディネート（さまざまな支援を組み合わせ、うまく機能するように調整）することになります。

①専門的な支援をコーディネートする

多様で複合的な問題を抱えた当事者の暮らしを支えるためには、複数の分野の専門機関が関わることになります。たとえば、子育てと親の介護が重なった世帯（ダブルケア）では、子育てと高齢分野の専門機関による支援は必要でしょう。仮に、子どもが障害を抱えていたとすれば障害分野の専門機関、小学生や中学生であれば教育分野の専門機関、子どもの父親が多重債務を抱えていたとすれば法律分野の専門機関、リストラに遭っていたとすれば就労分野の専門機関の支援もコーディネートする必要があります。

それぞれの専門機関が、それぞれの問題に対してばらばらにアプローチするのではなく、世帯、あるいは世帯が抱える問題全体に対して「丸ごと」支援できるように各専門機関が連携・協働するのです。

図1-1　ソーシャルワークのイメージ

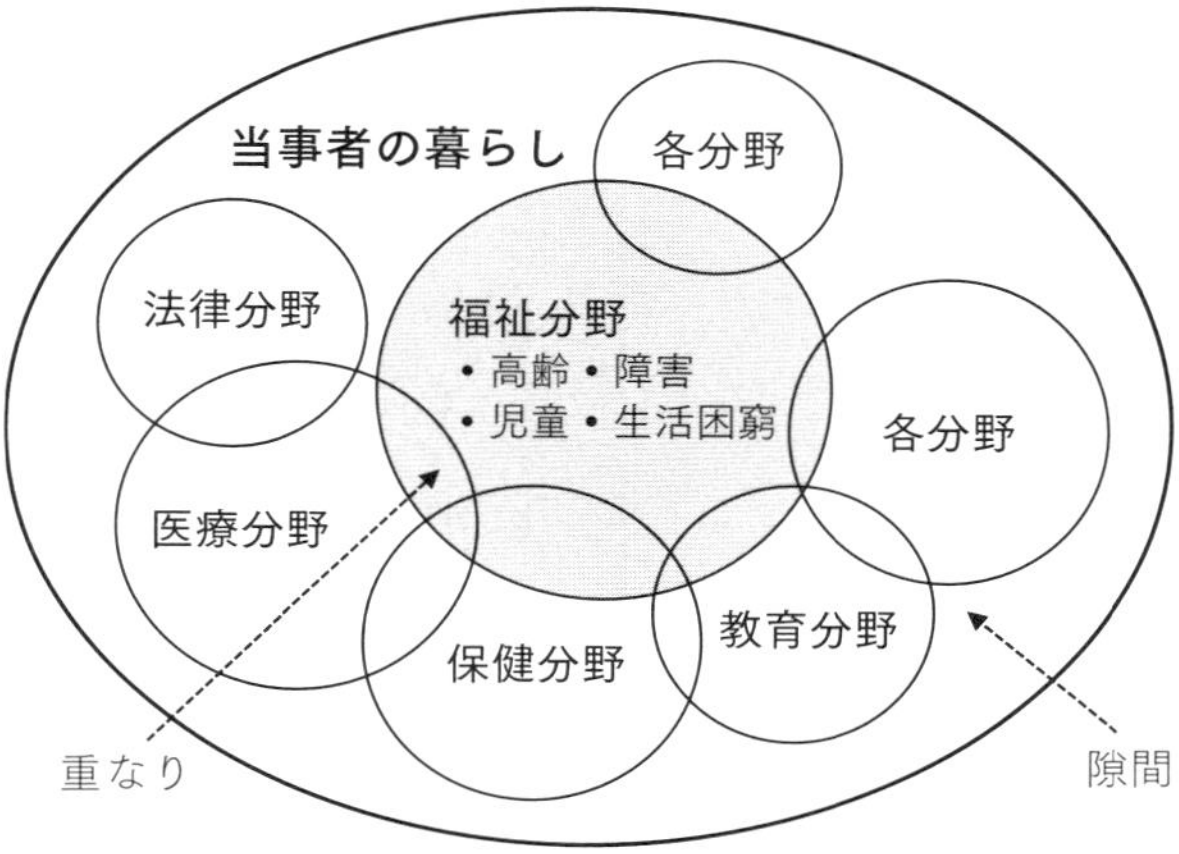

当事者が幸せを感じる暮らしに必要な支援のコーディネート
①専門的な支援をコーディネートする
②専門的な支援の重なりを解消する
③専門的な支援では埋まらない隙間を埋める

②専門的な支援の重なりを解消する

複数の専門機関が同時に関わると、支援の方法や内容に重なりが生じることがあります。たとえば、各専門機関は、当事者の情報を収集するために面接という方法を用います。しかし、当事者の了解を得た上で、各専門機関が基本情報を共有しないことには、当事者に何度も同じ質問を繰り返すことになりかねません。それは当事者にとって大きな負担になります。

また、たとえば、高齢と障害など同じ福祉でも異なる分野の専門機関、あるいは同じ高齢分野でも、訪問介護と訪問看護など複数の専門機関が同時に支援をする場合、支援内容に重なりが生じることがあります。この場合、コストも多くかかりかねません。こうした場合は役割分担し、重なりを解消する必要があります。

③専門的な支援では埋まらない隙間を埋める

専門機関は、守備範囲が決まっています。守備範囲が決まっている専門機関がいくら集まっても当事者の暮らしという大きな円は満たされません。どうしても隙間が生じるのです。

専門機関は、制度に基づいた専門性の高いフォーマル（公式）な支援をします。しかし、柔軟な対応ができません。たとえば、日常的な当事者の様子を把握する支援ができないのです。具体的には、日々の声かけやあいさつ、差し入れなどによる見守り、また、明かりがついているかどうか、雨戸が閉まっているかどうかといった安否確認ができないのです。これが隙間です。

隙間を埋めることができるのは、家族、近隣の人々、知人、友人など、当事者との個人的なつながりで成り立つ人々のちょっとした支援であり、地域のボランティア団体や自治会、町会の活動なのです。これらは、専門性の高いフォーマルな支援に対して、インフォーマル（非公式）な支援といいます。専門性は高くありませんが柔軟な対応ができるのです。

これらのインフォーマルな支援をコーディネートするにあたり、日常的に「我が事」の意識を地域に醸成するような地域住民への働きかけや、それを奨励する行政への働きかけが必要になります。

ソーシャルワークの視点（ものの見方、捉え方）

さて、福祉分野以外の専門職も行政の職員も、地域で活動する自治会や町会の役員もボランティアもみな、少なくとも「ソーシャルワークの視点（ものの見方、捉え方）や考え方」を知ることが大切だと先に述べました。では、ソーシャルワークの視点とは何を意味しているのか、具体的に考えていくことにしましょう。

第一話の地域ケア会議で取り上げられたAさんを思い出してください。

Aさん（八四歳）は、五年前、火災で妻と息子を亡くしました。つらい気持ちを抱え、桜台のアパートに引っ越してきました。桜台では、近隣との交流がないなか、一人で暮らしていました。

昨年、親しい友人が亡くなり、今年、同級生である小料理屋の女将が亡くなり、その約三週間後、Aさんは独りで亡くなりました。そして、死後一週間から一〇日後、発見されました。あとでわかったことですが、Aさんは、高血圧と糖尿病の薬を三週間ほど服用していなかったようです。

①システム（つながり）を理解する

ソーシャルワークでは、今、目に見えている問題だけではなく、その背景に何があるのかを捉えます。背景には奥行きがあります。奥行きとは、すなわち歴史。過去から現在に至るまで、当事者が経験してきたさまざまな出来事が、現在の状況にどのような影響を及ぼしているのか、そのつながりを捉えるのです。このような捉え方をシステム理解と言います。

たとえば、私たちの考え方は、多かれ少なかれ家族や今まで出会ってきた友人・知人・先生、学校教育、地域性、自治体や国の政策、文化、さらにはこれまで経験してきたさまざまな出来事などに影響を受けています。ソーシャルワークでは、個人から社会、経験してきたさまざまな出来事に至るまで、すべてが密接につながっているという社会関係の中で、当事者や生活問題を理解するという見方をするのです。

このように、さまざまなつながりや影響の及ぼし合いの中で人は存在しているというシステム（つながり）を理解することが、ソーシャルワークの大切な視点になります。これは、ソーシャルワーク独自の視点であり、医療や心理、教育などとは異なる独自固有の専門性だといえます。

②ミクロ・メゾ・マクロを一体的に捉える

図1-2をご覧ください。ソーシャルワークの対象は、ミクロ、メゾ、マクロへと広がっていきます。ミクロとは働きかける対象が小さい、マクロは大きい、メゾはミクロとマクロの間というように、働きかける対象の大きさを意味しています。具体的には次のようになります。

- ミクロ……個別の地域生活問題を抱える個人や家族、小グループなど

●メゾ……直接支援の対象となる人やその家族ではなく、その人たちを取り巻く近隣の人たち、職場、学校、当事者グループ、地域のボランティア団体、自治会組織など

●マクロ……自治体や国の制度・政策、一般の人々の意識など

これらをもとに、Aさんが孤独死に至る前にどのような支援や働きかけ、つまりソーシャルワークの実践があればよかったのかについて考えてみましょう。

ミクロでは、Aさんと信頼関係を形成し、Aさんが、妻や子を火災で亡くしてどのような気持ちで桜台に引っ越してきたのか、今までどのような気持ちで暮らしていたのか、どのようないきさつから近隣との深い関係を絶つようになったのかなどを理解した上で、必要な社会資源につなぎます。

メゾでは、たとえば、日々Aさんのような一人暮らしの高齢者の安否確認ができるよう「見守り隊」を結成するために、近隣住民や地域のボランティア団体、民生委員・児童委員、自治会などに働きかけ、組織化を支援します。

図1-2　ソーシャルワークの対象の広がり

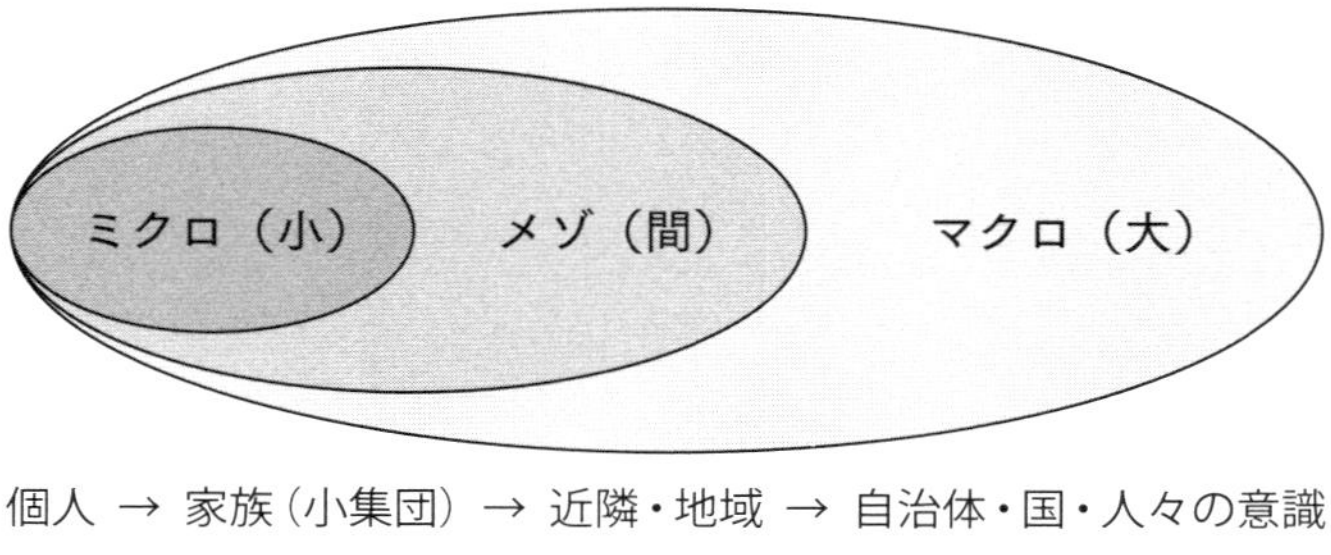

マクロでは、たとえば、地域での「見守り隊」の結成など、地域住民がボランティアで地域活動をはじめることを奨励したり、補助金制度を設けるように自治体に働きかけます。

これら三つのソーシャルワークを明確に区別することは困難だといえます。なぜならば、個人が抱えている生活課題の解決（ミクロ）を図ろうとすれば、地域住民への働きかけ（メゾ）が必要であったり、地域住民が何らかの活動をはじめようとする場合、制度改革（マクロ）が必要であったりするからです。つまり、ミクロのソーシャルワークの課題が、そのままメゾやマクロのソーシャルワークの課題につながることが少なくありません。ミクロ・メゾ・マクロそれぞれのソーシャルワークは、互いに不可分で連続性の関係にあるといえます。

図1-2を見るとよくわかるでしょう。ミクロの課題はメゾの中で起こりますし、メゾの課題はマクロの中で起こります。すべてつながっているということです。

これらを一体的に捉えるソーシャルワークによって、次の展開が可能になります。

市町村の制度や国の政策（マクロ）が、近隣や地域の活動（メゾ）を引き起こし、個人が抱える生活課題解決のバックアップや類似する問題発生の予防（ミクロ）を可能にします。逆に、個人が抱える生活課題解決（ミクロ）を図るために地域活動（メゾ）がはじまり、それにあと押しされるように自治体や国が制度改革（マクロ）を行うということも考えられるのです。

このようにすべてを一体的に捉えるソーシャルワークの実践が可能になれば、地域共生社会の実現が見えてきます。決して一人ではできません。地域住民、福祉だけではなく分野を超えたさまざまな専門機関や専門職、さらに行政がつながり、必要に応じて重層的なネットワークを構築することで、実現のための包括的な支援体制が整うのです。

第一話のポイント

「地域共生社会」の考え方

- 縦割り制度では、制度の狭間に置かれた人や問題に対応できない
- 多様化複雑化した問題や世帯を「丸ごと」支援する
- 誰もが「我が事」として捉えられるよう、地域のつながりをつくる
- 「支え手」と「受け手」の関係を超えて支え合う

地域づくりの方向性

- 自分や家族が暮らしたい地域を考える地域住民や福祉以外の分野と連携・協働する
- 地域で困っている課題を解決したいと考える地域住民や福祉関係者とのネットワークにより共生文化をつくる
- 地域住民と関係機関が、一緒に一人ひとりの課題を解決することで、地域住民が、地域の課題として捉えることができるように促す

地域共生社会を実現するソーシャルワーク

- 地域住民を含め、すべての関係者が「ソーシャルワーク」を知る
- 世帯を丸ごと支援するために必要な支援をコーディネートする
- フォーマルな支援の重なりを解消し、インフォーマルな支援で隙間を埋める
- さまざまなつながりや影響の及ぼし合いから、人や問題を理解する
- ミクロ・メゾ・マクロを一体的に捉え、必要なネットワークをつくる

第二話　かけがえのない一人の人としての尊重

要支援者調査

桜台では、五月に入り全世帯への要支援者調査がはじまった。先月はじめて行われた新しい安心・安全ネットワーク会議で、自治会と自主防災会、それに民生委員・児童委員会の三団体が合同で毎年行うことが決まったのだ。個人情報は、民生委員会が責任をもって管理することも決められた。自治会に入っている世帯には班長が、入っていない世帯には民生委員が訪問して聞き取りをする。

調査内容は、世帯人員、年齢、昼間に誰が在宅か、災害時に支援が必要か、その場合どのような支援が必要か、一人暮らしの場合の身内への連絡方法などである。

地域住民の葛藤

黒田芳子、八二歳。一〇年前に夫に先立たれ、一人で暮らしていた。娘が一人いるが遠方に嫁ぎ、盆と正月の年二回、婿とともに孫を連れて帰ってくる。

最近、黒田の家は、「ゴミ屋敷」だと噂されていた。玄関扉のすりガラス越しに、ものが積み上がっているのが見える。それがゴミだという。このごろ気温が上がってきたからか、食べ物が腐ったような臭いが漂う日もあるという。さらに、黒田は煙草を吸っていることから「ボヤでも出されたら困る」といった声もあがっていた。

東六丁目五班、班長の田村は、そうした近隣からの苦情を耳にし、要支援者調査のついでに、家の様子をうかがおうとすると、黒田に突き飛ばされ、門前払いを食らったのだ。

「あら、田村さん、どうされたんですか？」

ちょうど民生委員の吉坂が通りがかった。

「このごろ黒田さんの家からものが腐ったような臭いがするし、何とかならないかってご近所から苦情が出ていましてね。ちょっと中の様子をうかがおうとしたら、突き飛ばされてしまいました」

「そうなんですか。私にも、黒田さんと仲がいいというご近所の方から相談がありましてね。……こんなところで立ち話はいけませんので、六号公園に行きましょう」

六号公園は、史跡を整備した公園で比較的人の出入りが少ない。到着し、誰もいないことを確かめた吉坂は、秘密を守ることを田村に約束させ、話しだした。

「その方は、近隣から出ている苦情に頭を痛めていましてね。それに、黒田さんが困っているのであれば力になりたいし、長年ここで一緒に暮らしてきたから、これからも助け合って生きていきたいと思っているのに、このごろ家にも入れてもらえないって悩んでおられました。

黒田さんはもともと、とても社交的な方だったそうです。ご主人が亡くなってからは、よく近所の人やお友だちに声をかけて、食べ物もち寄りでランチパーティをしていたらしいんです。

今、地域包括支援センターに相談していましてね。社会福祉士の北さんが言うには、もともと社交的なのに、今は誰も家に入れようとしないし、しっかりされているのにゴミや臭いのことでご近所から苦情が出るということは、何か問題を抱えていて、一人で悩んでらっしゃるかもしれないということでした。それで、近日中に、北さんと訪問することになっています」

「そうですか。黒田さんは煙草を吸っていて、『ボヤでも出されたら』って声もあるんですよ」

「それなんですよ。ボヤを出す心配から、近所の人たちが、黒田さんを地域から排除しようということになりはしないかって心配していましてね。ゴミや臭いもその口実になりますので」

吉坂は、班長だからということで、田村に今までの経緯とこれからのことを説明した。

「それで田村さん、要支援者調査はどうされるんですか？」

「あっ、それそれ。私はもう行かないほうがいいと思うんで、吉坂さん、お願いできませんか？」

「そうねえ……。少なくとも男性が一人で行かないほうがいいかもしれませんね。自治会長の熊野さんに相談してみます」

要支援者調査をめぐる課題

女性の一人暮らし世帯への訪問

「吉坂さんが、女性の一人暮らし世帯には、女性が訪問したほうがいいんじゃないかって。どうしても男性が行く場合、女性の民生委員が同行できないか、とも」

吉坂から相談を受け、作戦会議にやってきた熊野は、困惑した様子だ。

「作戦会議」とは、植松家で行っている毎週土曜日の飲み会のことである。安心・安全ネットワークを軌道に乗せ、地域共生社会へと歩むために、毎週三人で話そうということになり、坂下が、「作戦会議」と名づけたのだ。

「そりゃそうだなあ。でも、女性の一人暮らし世帯ってかなりあるんじゃないか。班長は世帯主の名前で名簿をつくっていて男性が多いが、奥さんとか娘さんとか女性が調査に行ってくれるといいんだがなあ。それができない場合は、女性の民生委員の負担になるぞ」

桜台には一一人の民生委員がいるが、女性は四人である。どう考えても負担が大きい。熊野も坂下も頭を抱えた。すると、

「明日にでも、クマさん、サカさん、吉坂さんが集まって相談できませんか？」

食卓に座ってビールを飲みながら聞き耳を立てていた植松が口を挟んだ。確かにそうすればいい。

要支援者調査を主催している自治会、自主防災会、民生委員会、三団体の長がその三人だ。

「女性が訪問したほうがいいお宅もあるでしょうが、事前に通知もしていますし、電話をしてから

訪問するだけでもずいぶん違うでしょう。それに、日頃から班長さんのご家庭となんらかの交流のある場合は、そんな必要もないんじゃないですか。もともと民生委員さんが把握されている女性の一人暮らし世帯には、その民生委員さんが訪問したらいいですしね」

なるほど植松の言うとおりだ。絞り込んだら案外少ないかもしれない。

「ただし、絞り込むためには、町会長や班長、民生委員がちゃんとコミュニケーションを取ること。クマさんやサカさんはそれを促すこと」

「なるほど、またキョーさんに助けられた」

熊野がそう言うと、

「キョーさんも、ひきこもってないでコミュニケーションを取らないか、ご近所さんと」

坂下が、ニヤニヤしながら言い放つ。

「それは言わないお約束。さあ、もう時間ですよ。帰った帰った」

坂下と熊野は、体よく追い出されてしまった。

地域住民の「共生」と「排除」の意識

「しかし、やっかいな問題だよなあ。このあいだ、市社協の伏尾さんが『共生と排除』の話をしてくれただろ。黒田さんのように認知症で一人暮らしの人がゴミ屋敷で煙草を吸っていたら、近所の人は気が気じゃないぞ。せめて煙草はやめさせたらどうなんだ、自治会長さん」

「煙草をやめさせるって、そんなこと俺にできるはずないだろ。包括の北さんが関わるってことだったから、ここは専門家に任せたほうがいいんじゃないか？」

植松家からの帰り道、坂下と熊野は、冴えない顔でぶらぶら歩きながら話していた。先日、市社会福祉協議会の伏尾和彦からの提案で、地域共生社会についての住民学習会を開いたのだ。テーマは「共生と排除」。住民感情は複雑で、長年同じ町内でともに暮らしてきたのだから、これからも支え合って暮らしたいという「共生」の気持ちはあるが、ふとした出来事から「排除」の気持ちも生まれるという。今回の黒田芳子の一件は、まさしくそれに当てはまる。

「黒田さんのことは専門家に任せるとしても、近所の人たちの感情はどうすればいいんだ」

「うーん。それは難しい話だけど、今サカさんが立ち上げ準備をしている有償ボランティアが役に立つんじゃないか。黒田さんところの掃除に入るとか」

「おお、なるほど、それはいいかもしれんな。近所の人も安心するだろうし。黒田さんに掃除を頼む気になってもらえるように北さんに頑張ってもらおうや」

二人は妙案に気をよくし、どちらともなくテンポよく歩きはじめた。

独居老人の葛藤

「今頃朝めしか！」

「うるさいな！」

「長いゴールデンウィークじゃないか、することないのか！　それにその髪の毛、何とかならないのか！」

「うるさいって言ってるだろ！」

琢磨は、小学生の登校の見守りを終えて帰宅した父親になじられ、眉間にしわを寄せながら食べかけのパンを片手に二階へ上がって行った。ゴールデンウィークに入って以降、父親と顔を合わせる機会が増えた。そのたびに浴びる一言がうっとうしくて仕方がない。

熊野琢磨、二一歳。自治会長・熊野文太の次男である。この春大学三年生になった。幼い頃から、父親と兄にならって続けてきた柔道を、中学一年生になったとたんやめた。父親は退職を一年後に控え、歳の離れた兄は入職したばかりの警察官だった。真っ当なことばかりを言う父親と兄に反発してやめたのだ。あれから八年、何をやっても続かない。あと二年で大学も卒業なのに、やりたいことが見つからない。小さい頃、憧れていた警察官になる夢は自分で切り捨てた。

老人と大学生の出会い

大学からの帰り、まだ日没には時間があるが、改札を出ると駅舎や樹木の陰が長く伸びていた。

「どうされましたか？」

琢磨は、駅から東へと続く歩道をまっすぐ三百メートルほど登ったところの分かれ道で、きょろきょろとしているお婆さんに声をかけた。買い物帰りで道に迷ったらしい。聞くと、自宅は東六丁目、六号公園の近くだという。ここからはずいぶん遠い。どうやら買い物のあと、スーパーを出て反対側に向かって歩きだしたようだ。車で送るにしても、ここは歩道で車は入ることができない。

「もう少し先に三号公園がありますので、そこまで歩きませんか？」

「もう疲れたから、私はここで休んでいきますわ」

休むといっても座るようなものは何もない。

「僕がおんぶして行きます」

琢磨は、お婆さんをおんぶすると、三号公園に向かってゆっくり坂を登りはじめた。

「悪いねえ、悪いねえ……」

お婆さんは、それればかりを繰り返す。

「僕は、柔道をやっていたから体力があるんです」

思わず口走ったが、柔道は八年前にやめていた。まだ父親や兄から逃げたといううしろめたさがある。だが、少なくとも柔道をやっていたときは、目標があってやりがいを感じ、自分が誇らしかったのだろう。知らない人にはそのときのことを話すことで、自分の存在感を示してしまう。

三号公園に着いた。桜の新緑が黄色い光を浴び、遠くには、なだらかな稜線の真ん中に、ふたこぶの山がきれいなシルエットを見せている。咲き誇る藤棚の下のベンチには、車椅子に座ったお婆さんと中学生らしき女の子が楽しげにおしゃべりをしていた。

琢磨は、おんぶしていたお婆さんを、藤棚とは反対側のベンチに降ろすと、自分も座った。

「お兄さん、悩んでいるのね」

「えっ」

驚いた。ほかに言葉が出てこない。

「背中から聞こえていましたよ」

「俺、何かぶつぶつ言っていましたか？」

「ぶつぶつは言ってないけど、私も悩んいでるから聞こえたのかもしれないわね」

呆気《あっけ》にとられていると、お婆さんはどんどん話しだした。

お婆さんには、物忘れが出てきたという。ときどき今何をしているのか、どこにいるのかわからなくなる。いつもそうなったらどうしようかと四六時中おびえている。それに、大事なものと大事ではないものの区別ができなくなって、ものを捨てることができない。だからどんどんものがたまって、家の中はもはや足の踏み場がない。残飯は腐るからビニール袋に入れてしっかりくくり、さらにレジ袋に入れて二重にするのだが、このごろは臭いが漏れるという。それも捨てられない。

「でもね、私、若い頃から神経質なぐらい片づけ上手だったのよ。だから、片づかないのはとっても嫌なの。いらいらするのよ。どんどん家の中が汚くなって、こんな家、ご近所さんに見られたら恥ずかしいでしょ。だからご近所付き合いもできなくなってきたの」

突然、お婆さんの声色が変わった。

「それにこのごろ、家の中を覗こうとする人がいて、あーこわいこわい」

先日、班長だと名乗る男が尋ねてきて、家の中を覗こうとしたらしい。突き飛ばしてすぐに家に入ったのだが、あれから外に出るのがこわくて、どうしたらいいかわからないという。

「なるほど、お婆さんもずいぶん悩んでらっしゃったんですね。あっ、お婆さんは失礼でした。お名前は何とおっしゃるんですか？　僕はクマノタクマです」

「お婆さんでいいわよ。でも、名前知っておいてもらおうかな。クロダヨシコ」

黒田は、左の手のひらに右手の人差し指で書いて漢字を教えてくれた。

結局、琢磨は、一緒に歩いたり、おんぶしたりしながら、黒田を自宅まで送ることにした。なるほど、玄関扉のすりガラスの向こうには、レジ袋に入ったゴミがあふれているように見える。

「クマノさん、悩みが心からあふれてきたら、私の話を聴いてちょうだい」

意味はよくわからなかったが、思わず「はい、でも、いいんですか？」と返事をしてしまった。

「今日は、こんなお婆さんに付き合ってくださってありがとう」

黒田は小さく手を振っていた。

専門職の介入

地域包括支援センターの北峰子は、民生委員・児童委員の吉坂典子とともに黒田宅を訪問し、庭で話を聴いていた。家には入れてもらえないだろうと、パイプ椅子を持参し、庭にもち込んだのだ。

「昨年末に、娘婿と孫が楽しそうに生け垣の剪定《せんてい》と草刈りをしてくれたんですよ」

五か月近くが経つが、雑草はまだひどく伸びているというほどではない。しかし、あと一か月もすればたいへんなことになるだろう。それに、年末年始は娘家族を家に招き入れるぐらい片づいていたのだ。この五か月近くの間に、黒田に異変が起こったのかもしれない。

「娘さんのご家族って、とてもよくしてくださるんですね」

北は、穏やかな表情で聴いている。

「そうなのよ。婿はよく気がつくし、娘はしょっちゅう電話をくれますよ」

「電話はよくされているんですね。黒田さんは、いつからお一人で暮らしておられるんですか？」

「主人が亡くなってからだから、もう一〇年ぐらいになりますかねえ」

「もう一〇年も……。どんなご主人だったんですか？」

「小さな会社でしたけど、社長でしてね。仕事ばっかりで、家のことはすべて私がしていました。普段からよく会社の人たちとこの庭でバーベキューなんかして、賑やかなものでした。そのときだけは、主人はよく動くんです。お肉を買ってきたり炭をおこしたり、いつも楽しそうでしたよ」

「素敵なご主人ですね。会社の人たちの人望も厚かったんじゃないですか？」

「そうなのよ。亡くなってからも、私が寂しいんじゃないかって、入れ替わり立ち替わり会社の人たちがみえましてね。主人が会社の人たちを大切にしていたんだなって思いました」

北は、話の聴き方がうまい。黒田は嬉しそうによく話した。吉坂も思わず頰をゆるめていた。

「ところで、先日、家の中を覗こうとした男の人がいて、こわい思いをされたんですってね」

「そうなのよ。でも、あれから吉坂さんが心配してきてくださるし、それにね、ちょっと恥ずかしいんだけど、私、若い男の人のお友だちができたの」

「若い男の人のお友だち？」

驚いた表情で、北と吉坂は顔を見合わせた。

「そう、確か……、そうそうクマノさんっていう大学生の男の人」

黒田は、ポケットから小さな手帳を取り出し、メモを確認して名前を教えてくれた。

「このあいだ、買い物の帰りに迷子になっちゃったの。疲れ切って困っていると、クマノさんがおんぶして家まで連れて帰ってくださったの。がっしりしていて、髪の毛がきれいな金色でしたよ」

「それ、自治会長の熊野さんところの」

北がそう言うと、「琢磨く―ん」と、北と吉坂の合唱になった。

「そう、クマノタクマさん。ご存じなの？」

「琢磨くんは、自治会長さんの息子さんで、西四丁目ではちょっとした有名人なんですよ」

吉坂が説明する。

熊野琢磨は、金髪で見かけはチャラチャラしているようにも見えるのだが、実に礼儀正しく、年寄りや子どもにはとても優しい。「さすが自治会長の息子さん」と近所では評判なのだ。

「そうなの。あれからも一度きてくれましてね。私がご近所の人と仲よくしたいって言ったら、じゃあ、お片づけ手伝いますすねって」

「そんなことがあったんですか。お友だちができてよかったじゃないですか。私たちもお手伝いをしたいと思うんですが、琢磨くんと連絡を取ってもいいでしょうか？」

「そうねえ、クマノさんにご迷惑がかからないなら」

「迷惑がかかるようなことはしませんのでご安心ください。ところで、お片づけのお手伝いをするにあたって、少し家の中を見せていただいていいですか？」

「ええ、いいですよ。でも、玄関から入ると誰かが覗くので、勝手口から入ってくださいね」

北は恐る恐る尋ねたが、黒田はあっさり許してくれた。

家の中は、確かにものが多く雑然とはしているが、いわゆる「ゴミ屋敷」のイメージではない。噂というのは恐ろしいものだ。しかし、玄関にはレジ袋が山積みで確かに異臭が漂っている。ダイニングとキッチンは整然としていた。ダイニングには五センチほど水の入ったブリキバケツが置いてある。灰皿だ。その下には、ガスコンロ用のアルミシートが敷いてある。

「玄関のレジ袋、捨てておきますから、もって帰っていいですか？」

「…………」

吉坂が尋ねると、黒田は黙ったまま、困ったように顔をゆがめた。

「ごめんなさい。嫌なことを尋ねてしまいましたね」

北が、すかさずフォローに入る。

「あれは、まだ捨ててもいいかどうか確かめてないの」

「えっ？」。北と吉坂は思わず顔を見合わせた。

「私はね、捨てていいかどうかわからないから、捨てるのがこわいんですよ。今度クマノさんが確かめてくれますから、それまで待ってくださいね」

「捨てるのがこわい、なるほどそういうことだったんですか。わかりました、待ちますね」

吉坂は合点《がてん》がいかなかったが、北は何かがわかったようだ。

その後、黒田はすっかり心を許し、娘の連絡先を教えてくれて、要支援者調査も終えることができた。しかし、これから先どうするか考えものだ。北と吉坂は、いったん帰り対策を練ることにした。

専門職と住民の連携

数日後、熊野琢磨は、吉坂をとおして北から連絡を受け、地域包括支援センターにやってきた。

「黒田さんは、お正月、帰省されていた娘さん家族が自宅にもどられたあとぐらいから、ものを捨てるのがこわくなったようなんです」

「何があったんでしょうね」

琢磨の説明に吉坂が首をかしげる。

「娘さんに何か言われたのかもしれません。何か大事なものをなくして怒らせてしまったとか、悲しませてしまったとか」

それで、もう娘を怒らせてはいけない、悲しませてはいけないと、黒田はものを捨てることに対して極度におびえているのではないか。琢磨はそう察していた。

「なるほど、そういうことかもしれませんね。娘さんに電話することは、黒田さんから了解を得ていますので、さっそく娘さんにごあいさつの電話を入れて聞いてみます」

北は、吉坂と琢磨を相談室に残し、電話をかけると言って出て行った。

「黒田さんは、まだ軽いけど認知症の症状が出ているでしょ。だから、地域包括支援センターが専門的な支援をすることになったのよ。それで、琢磨くんに協力するような格好で、北さんと私も黒田さん宅を訪問したいんだけど、いいかなあ」

北と吉坂は、琢磨を呼ぶ前に、市社会福祉協議会の伏尾和彦も交えて会議を開いていた。あくまでも住民である黒田と琢磨の意向を尊重する。しかし、琢磨が一人で関わるのではなく、専門職の北と民生委員の吉坂が黒田を把握して、琢磨と一緒に行動すること。ゴミ屋敷や臭い、ボヤの危険性という問題は排除の対象になりやすいので、十分近隣住民への配慮をすること。さらに、もうすぐ立ち上がる「有償ボランティア・さくらだい」との連携も視野に入れることを申し合わせていた。

「……いいですよ。僕は、片づけぐらいしかできないですから」

一瞬、琢磨は返事をためらった。黒田の不思議な力に魅力を感じていたのだ。片づけを手伝ったとき、黒田の口から発せられる老いをめぐるさまざまな心の葛藤は、琢磨にとってはまるで父親との間に生じている心のもやもやを代弁しているかのようだった。まったく葛藤の内容は違うのだが、父親との確執が客観的に見えてくるような感覚になったのである。

父親は立派な人だ。長年警察官を務めてきて国民の税金で生計を立ててきた。その恩返しにと、今は地域活動に懸命に取り組んでいる。「立派な人だ」と思えば思うほど、自分が劣等感を抱く。そして、劣等感を押さえ込むために父親を否定するのだ。そんな自分の姿が客観的に見えてきて、少し優しくなれる。以降、父親とは衝突していない。

琢磨は一瞬のうちにそんな思いをめぐらせた。

「黒田さんの娘さんと連絡が取れました！」

電話を終えて、北が小走りでもどってきた。ずいぶん興奮している。

「わかりましたよ。琢磨くんの言うとおりでした。黒田さん、リビングの棚に立てかけてあった家族写真をなくしてしまって。帰省した娘さんが、写真がないのに気づいて、『捨ててしまったんじゃないの！』って思わず大きな声を出してしまったんですって。家族全員で写っている唯一の写真だったそうです。それからは、娘さんが電話しても、黒田さん、いつもよそよそしいんですって」

北は一気に話した。

「最近の黒田さんの様子を伝えたら、お母さんに確かめて謝っておくって」

それを聞いて、琢磨も吉坂もほっとした。娘と話して、黒田が少しでも、ものを捨てることへのおびえから解放されることを願う。三人の共通の願いだ。

三人は、今後の黒田家への訪問の日程調整と役割分担について打ち合わせをし、解散した。この件に関して黒田への連絡は、娘との調整も含め、北がすることになった。坂下勝矢が準備を進めている「有償ボランティア・さくらだい」との連携は、琢磨の申し出により、琢磨がすることになった。

有償ボランティア団体の始動

「あれ？　この写真、なくしたんじゃなかったんですか？」

北がリビングに入ると、棚に、家族写真が立てかけてある。黒田、亡くなった夫、娘夫婦に二人の孫、六人が満面の笑顔だ。温泉旅行だろう。うしろには湯煙が立ち込めている。

「このあいだ、娘が休みを取って帰ってきてくれましてね。大事な写真を捨てるはずがないって言って、探し回ってくれたのよ。そしたら、仏壇の引き出しの奥にあったの」

「へえ、そうなんですか。よかったじゃないですか」

「そう、ほんとによかった。私、なくしてはいけないと思って仏壇の引き出しにしまっていたのよね、きっと。それに私、もうゴミは捨てられますよ」

やはり、娘を悲しませてしまった罪の意識で、捨てることへのおびえが出ていたようだ。

「いよいよ、明日は庭の草刈りですね」

「昨日、クマノさんとボランティアの方がお見えになって、庭の下見をされましたよ」

黒田は、琢磨から有償ボランティアの話を聞いて、琢磨に横についてもらいながら、坂下に申し込みの電話を入れていたのだ。

七月一日――

梅雨の晴れ間で青く澄んだ空が広がっている。そう暑くもなく、とても過ごしやすい朝である。

この日、「有償ボランティア・さくらだい」は始動した。

九時に黒田家に集合したのは、坂下ともう一人のボランティア、そして琢磨だった。琢磨は、メンバーではないのだが、本人の申し出で助っ人として参加することになった。利用料は、琢磨を除いた二人分である。

まず、二台の草刈り機で庭全面の草刈りが行われた。軽快なエンジン音とともに、あれよあれよという間に草が刈られていく。琢磨は、刈られた草を竹さらえでかき集め、大きなフゴに入れていく。

草刈り機の作業が一段落したところで、

「休憩！」

坂下の号令で、三人は、軒下に座り込んだ。

「みなさん、お疲れさま」

いつの間にきていたのか、北と吉坂がよく冷えた麦茶を運んできた。

「おっ、サービスいいじゃないか」

「黒田さんが、昨夜沸かして、冷やしておいてくださったんですよ」

すると、リビングの掃き出しから黒田が出てきた。

「みなさん、ありがとうございます。もうこんなに進んだんですね。草のいい匂いがすること。これって確か『緑の香り』って言いましたよね」

黒田はよく知っている。植物は、傷ついたときに香りを発することで仲間に知らせ、自らは傷口を守り、さらには虫を寄せ付けないように防衛反応を起こす。その香りは「緑の香り」と呼ばれ、人間にとっては、ストレス解消や疲労回復につながるという。

「琢磨くんもご苦労さま」

北が琢磨をねぎらう。

「いえいえ、まだ半分作業が残っていますし、頑張りますよ」

「さあ、やるぞ！」

再び坂下の号令で、後半の作業がはじまった。生け垣の剪定だ。琢磨はひたすら草と枝葉を回収した。二時間ちょうどですべての作業が終了した。草と枝葉はフゴ三杯分だった。

「今日も明日も晴れるそうですから、この草は、このままここに置いておいてください。乾かして、明日の夕方にでもグリーンパークにもって行きますので」

グリーンパークとは、市のゴミ処理場である。自治会長の熊野が市と交渉し、双方の利益が一致した結果、ややこしい手続きもなく、桜台からは草木を搬入できるようになっていた。

「みなさん、本当にありがとうございました。庭も心もすっきりしました」

晴れやかな笑顔で黒田は礼を言い、二時間二人分の二〇〇〇円を支払った。

「それでは、これで失礼しますよ」

麦茶を飲み干した二人のボランティアは、さっさと機材を軽トラックに積み込むと、二度クラクションを鳴らし引き上げて行った。

「クマノさん、何から何までお世話になりましたね」

「いえいえ、黒田さんの嬉しそうな笑顔を見られて、僕も嬉しいですよ」

琢磨は、はじめて黒田と出会った日を思い出していた。あれから二か月近くが経つが、自分でも誰かの役に立つんだと、心の底から何かが沸き立つ心地よさを感じていた。

「北さんも吉坂さんもありがとうございました」

見ると、黒田を真ん中に三人が手をつないで両手を挙げ、深呼吸をしている。これも「緑の香り」がもたらす効果なのか。三人とも、とてもいい顔をしている。きっと自分もいい顔をしているのだろう。黒田さんとの出会いに感謝だ。琢磨は、「ありがとうございました」とつぶやいた。

コラム②　信頼関係とは

人を信じるという意味の言葉に「信用」と「信頼」があります。

「あの人はいつも○○だから信じる」「○○だから信じない」。これは信用なのです。「あなたには担保があって返してくれるからお金を貸します」という借入の流れを思い浮かべるとわかりやすいでしょう。つまり「信用」とは、条件付き、行為レベルで信じることなのです。

それに対して「信頼」は、「この人は過去に○○をしたことがあるが信じる」「現在○○な状況だが信じる」「いつも○○だけど信じる」。つまり無条件、存在レベルで信じることだといえます。

「関係」というのは一方通行ではありません。自分と相手の間に双方向の矢印があってはじめて「関係」が成り立ちます。ですから、信頼関係は、お互いが信頼し合う関係ということになります。

しかし、信頼関係は簡単に築けるものではありません。なぜなら、自分が相手を信頼しても、相手が自分を信頼してくれるとは限らないからです。信頼してくれるように仕向けることなどできません。

ですから、信頼関係を築くために自分にできることは、相手をひたすら無条件で信じることだけなのです。その結果として、相手も自分を信頼してくれるようになるかもしれません。ひょっとしたら、最後まで信頼してくれないかもしれません。それは、相手が決めることですから、自分にはどうすることもできないのです。

ただ、人は、自分を無条件で信じてくれる人には、何でも話したくなるものです。この人の前では自分の居場所があると感じて安心するからです。

人を支えようとするときに大切になるのは、信頼、つまり無条件で相手を信じ、相手にとって何でも話したくなる存在になることなのです。そのことで、双方向である信頼関係を築くことができる可能性が生まれてくるのです。

解説

ソーシャルワークの「価値」

黒田芳子さんの家は「ゴミ屋敷」だと噂されるようになりました。食べ物が腐ったような臭いも漂っています。ボヤの心配もあります。このような状況から近隣の人たちが迷惑を被り、妙な結束をみせ、「排除」に向かうことがあるのです。

黒田さんは、ふとしたきっかけから、捨てていいものといけないものの区別ができなくなりました。もともと片づけ上手だったことから、片づいていない家をご近所さんに見られたら恥ずかしいからと、近隣との関係を絶つようになりました。近隣の人たちはそんな事情を知る由もありません。ただ自分自身が被る迷惑から、黒田さんの「排除」へと向かうのです。その結果、黒田さんは、地域から「孤立」することになりかねません。

それを防いだのが、偶然出会った大学生の琢磨くんであり、黒田さんと仲がいい近所の方から相談を受けた民生委員の吉坂さん、吉坂さんがつないだ地域包括支援センターの北さん、黒田さんのことについて話し合う会議に出席していた市社会福祉協議会・伏尾さんの連携・協働でした。
琢磨くんは専門職ではなく、一人の住民としてできる手助けをしました。北さんと吉坂さんは、伏尾さんを交えた会議での申し合わせどおり、住民である黒田さんと琢磨くんの意向を尊重しながら、黒田さんの支援を組み立てました。

かけがえのない一人の人としての尊重

この一連の流れには、ソーシャルワークの根幹に関わる非常に重要な要素が存在しています。それが「価値」なのです。「価値」とは、ソーシャルワーク実践がどのような世界をよしとし、どのような世界をめざすのか、その過程において何を重要な事柄として配慮しなければならないかを示す実践の方向性といえます。それは、ソーシャルワークを実践する上で大切にする、「どんな状況に置かれている人も、かけがえのない存在である」という人間観であり、「社会には、どんな人も存在するのが当たり前である」という社会観だといえるでしょう。

日本国憲法で保障されているように、誰もが一人の人として尊重され、人間らしく生きるという権利を有しています。ソーシャルワークの「価値」はそのことを実現することなのです。つまり、ソーシャルワークとは、誰もが社会の一員であり、地域で暮らす一人の住民として尊厳が守られ、権利が尊重され、差別や抑圧、排除のない社会を実現する営みであることを意味しています。

日本社会福祉士会の倫理綱領（二〇二〇年六月採択）、日本ソーシャルワーカー協会の倫理綱領

（二〇二〇年八月承認）では、原理の冒頭で「すべての人々を、出自、人種、民族、国籍、性別、性自認、性的指向、年齢、身体的精神的状況、宗教的文化的背景、社会的地位、経済状況などの違いにかかわらず、かけがえのない存在として尊重する」とされています。人としてのかけがえのなさは、あらゆる属性にも優先するということであり、ただ人であるだけで尊重されなければならないということなのです。これは多様性の尊重ということにもつながります。

多様性の尊重

多様性の尊重というと、「人種の違い、障害のある人、ＬＧＢＴＱ（少数の性的自認・性的指向）など少数派の人たちを受け容れること」というイメージがあります。しかし、それは、多数派の人たちが少数派の人たちを受け容れることではありません。考え方や性格など、人は誰でも他者と違うところをもっています。ですから、誰もが少数派であり、他者から受け容れられる側でもあるのです。そういう状況が成立するのがこの社会だと認識することが、多様性を受け容れ、尊重するということなのです。

仮に、人の幸せは「自分らしく生きること」だとしましょう。すると、「実は、私はこうなんだ」ということを隠してびくびく生きることは、決して幸せではありません。告白することで友だちをなくす、就職できないといったことがないように保障するのが多様性を尊重する社会なのです。

一言で多様性といっても、人種やからだの障害など、一見してわかるような表層のものと、その人の考え方、性格、コミュニケーションの方法、ライフスタイルなど、一見してわからない深層にあるものがあります。いずれにしても、そのことによって、たとえば選挙権を失う、就職できない、ある地域に住めないとなると、基本的な人としての権利が保障されないということになりますので、法的な整備など社会的な努力をしないといけません。

一方、たとえば、「私は外国人が苦手です」や「○○さんの話し方はこわいです」といった場合はどう捉えればいいでしょうか。受け容れないといけないとわかっていても、受け容れることはできません。大切なのは、個人的な苦手意識や好き嫌いはともかく、そのことを理由に攻撃や排除をしないこと。私にとっては苦手だけれど、嫌いだけれど、そのことによって社会的に権利が剝奪《はくだつ》されてはいけないという感覚をもつことが大切なのです。

ともすれば、「人それぞれ」といった言葉で無関心になることがあります。「関わらなければいい」ということは、多様性の尊重の本質ではありません。苦手であっても嫌いであっても、それなりに存在を認め、さまざまな考えを共有し、困ったときは助け合おうと考えることが基盤になるのです。

無意識の差別や偏見

しかし、世の中には、現実的に多くの「社会的排除」が存在します。多様性を尊重することができない歴史的、政治的、文化的背景、さらには、世間の常識、個人的な嗜好や好き嫌いが存在するからです。

筆者は子どもの頃、「あそこの子と遊んではいけない」と身近な大人から聞かされた記憶があります。あそことは被差別地区を指していました。最近でも「男があんな格好をして気持ち悪い」とお年寄りが言っているのを聞きました。子どもの頃から現在に至るまで、日常的にそうした発言と接してきた筆者が、差別意識や偏見を潜在的にもっていないかというと、自信がありません。それが、筆者自身の中に深く根づいていないだろうかと疑うことがあります。ひょっとしたら、個人的な嗜好、好き嫌いにつながっていて、声に出さないまでも無意識のうちに抵抗を感じたり、馬鹿にしてみたりといったことがあるかもしれないのです。

ここでいう多様性の尊重とは、そうした無意識の差別や偏見が存在することを承知の上で、社会的排除の構造と闘う努力をすることなのです。

第一話の解説で紹介した「地域力強化検討会　最終とりまとめ（二〇一七年九月一二日）」の総論、「表1‐2　地域共生社会の実現に向けて私たちは何を目指すのか」の一つ目にあるように、「他人事とは思えない地域づくりに取り組むことで、それが文化として定着するよう挑戦し続けること」、つまり、多様性の尊重を日常的に意識した取り組みが大切なのです。これは社会的な取り組みではありますが、ある意味で自分自身との闘いなのかもしれません。

「価値」に基づいたソーシャルワークの実践

地域共生社会へと向かうソーシャルワークでは、「個人を地域で支える支援」と「個人を支える地域をつくる支援」を一連の流れとして一体的に進めることになります。

　そのためには、まず、当事者の状況に合わせたオーダーメイドの支援を組み立てます。それは、既存の制度に当事者を合わせるのではなく、当事者に制度を合わせていくことを意味しています。あくまでも問題解決の主体は当事者であるということなのです。

　次に、当事者への支援に地域住民などのインフォーマル（非公式）な支援を組み込みます。第一話の解説で示したように、専門職による支援だけでは隙間が生まれます。ですから、自治会、町会の役員、ボランティアだけではなく、当事者にとって身近な近隣住民も支え手になると捉えます。

「価値」に基づいたソーシャルワークの実践

図2-1　「価値」に基づいたソーシャルワークの実践

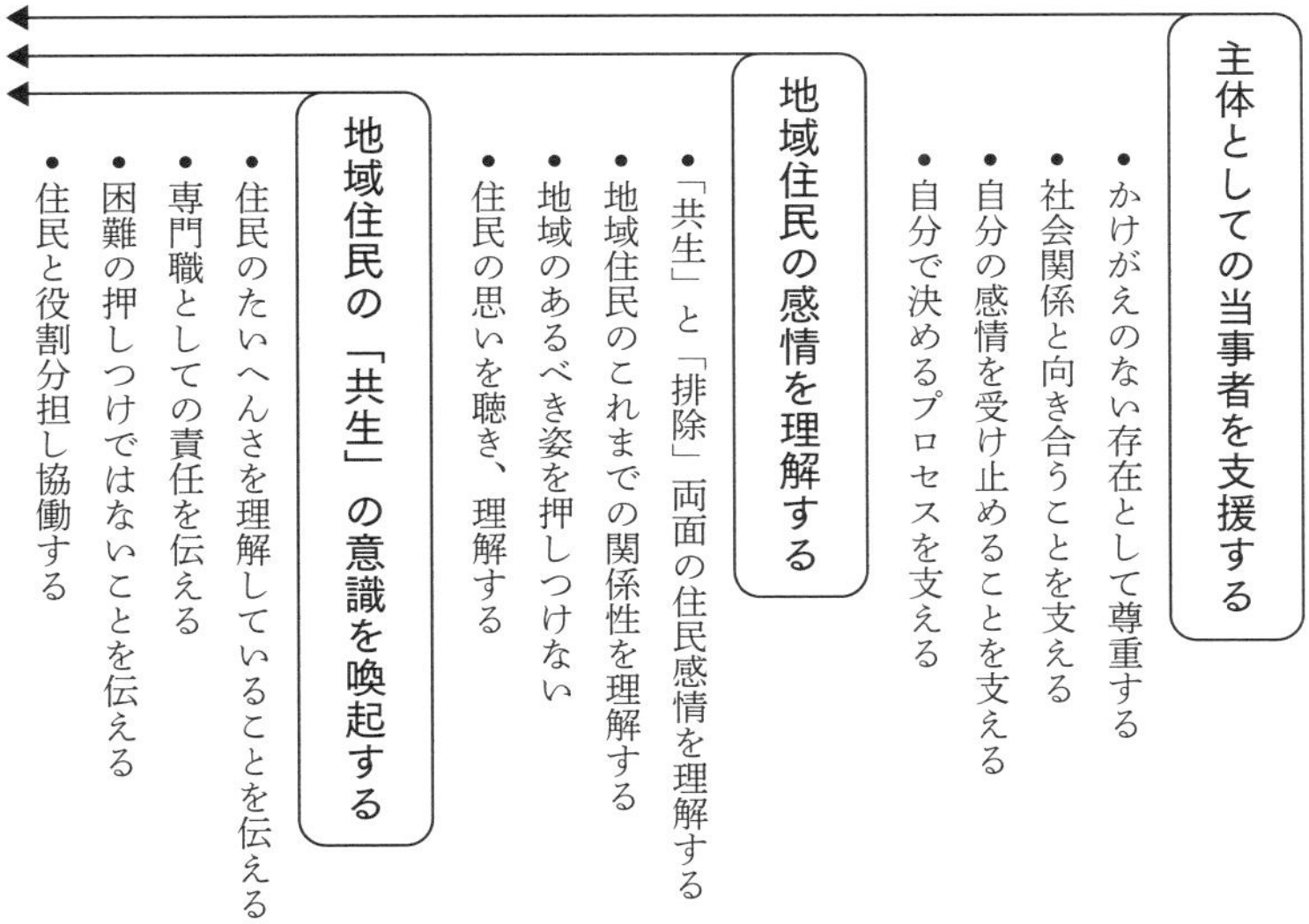

主体としての当事者を支援する
・かけがえのない存在として尊重する
・社会関係と向き合うことを支える
・自分の感情を受け止めることを支える
・自分で決めるプロセスを支える
地域住民の感情を理解する
・「共生」と「排除」両面の住民感情を理解する
・地域住民のこれまでの関係性を理解する
・地域のあるべき姿を押しつけない
・住民の思いを聴き、理解する
地域住民の「共生」の意識を喚起する
・住民のたいへんさを理解していることを伝える
・専門職としての責任を伝える
・困難の押しつけではないことを伝える
・住民と役割分担し協働する

の一連の流れは図2-1のとおりです。これは、特にソーシャルワークを専門とする福祉分野の専門職の役割ですが、分野の違う専門職や行政職員にも求められる内容なのです。

主体としての当事者を支援する

支援を必要としている当事者は、治療の対象（患者）でもなく教育の対象（生徒）でもありません。専門職が問題解決する対象でもありません。「かけがえのない一人の人」と捉えるということは、あくまでも、当事者が主体となって問題解決へと向かうことを支える、ということなのです。当事者が、過去や現在の出来事、人間関係、気持ちの移り変わりなど、さまざまな社会関係と向き合い、そこから生じる自分の感情を受け止め、自分がこれからどう問題を解決するのか、その方向性を見出すことを支えます。

当事者の問題は、当事者以外の誰のものでもありません。当事者自身の問題である限り、解決の主体も当事者以外、誰も代わることができないのです。そして、問題は、さまざまな社会関係から生じたものですので、きれいに消えてなくなることはまずありません。ですから、ソーシャルワークでいう問題解決とは、当事者が問題と折り合いをつけながら暮らしていくことであって、家族や地域、社会とのつながり方を改めて模索するということなのです。

問題と向き合うことで、当時者は、非常に厳しい現実を突きつけられることになります。黒田芳子さんの場合は、一〇年前に夫に先立たれ、娘は遠方に嫁ぎ、そもそも寂しい一人暮らしをしていました。社交的で、夫が亡くなったあとは、近所の人や友人とランチパーティをするなどの交流をしていましたが、認知症の発症とふとしたきっかけから家が乱雑になってきたことで、家の中を見られるのが恥ずかしいと、自ら孤立するようになりました。さらに、ゴミや臭い、ボヤの危険性により、地域から排除されかねないという状況に置かれました。黒田さんにとっては、もうどうしていいかわからない非常に厳しい現実です。

　専門職の北さんが中心となって、そうした状況を、黒田さん本人、娘、近隣の人たちの話を総合し、民生委員の吉坂さんや大学生の琢磨くんとともにひもといて、黒田さんへの支援を組み立てました。あくまでも問題解決の主体は黒田さんで、黒田さんの葛藤を抱えた複雑な気持ちを受け止め、「近所の人たちと仲よくしたいから片づける」という意志に沿って支援を展開していきます。そして、黒田さんが、新しく桜台にできた有償ボランティアという資源を活用するところにまで漕《こ》ぎ着けました。黒田さんが、主体として自分で決めることを支える一連のプロセスがあったのです。

地域住民の感情を理解する

「個人を地域で支える支援」と「個人を支える地域をつくる支援」を一体的に進めることで、当事者と、当事者も含めた地域住民の解決力が向上することをめざします。なぜなら、問題は、個人だけに生じているのではなく、家族や地域住民との社会関係の中で生じているからです。

　地域の人たちには、黒田さんのように認知症が進んできた一人暮らしの高齢者に対して、「長年この地域で一緒に暮らしてきた人なのだから、これからも助け合っていきたい」という「共生」の気持ちがある一方、「ボヤでも出されては困る」という「排除」の気持ちもあります。住民感情として「共生」と「排除」は背中合わせに存在しているのです。正反対の両方の感情は非常に繊細で、ふとしたきっかけから瞬時に入れ替わることがあります。いったん「排除」の感情が動き出すと、「共生」の感情にもどすことは容易ではありません。

また、場合によれば、当事者と地域の人たちにはすでに数十年の付き合いがあり、これまでのいきさつから手助けなどできないという関係にあるかもしれません。当事者の状態が悪化してから専門職が介入し、いきなり地域での支え合いや見守りをお願いしても、これまでの延長線上にある関係が即座に変わるはずもありません。

ですから、「困っている人がいれば地域で支えるべき」という地域のあるべき姿を押しつけると、地域住民の「排除」の意識を刺激することになりかねません。地域住民の思いをしっかり聴き、十分理解し、信頼関係を築いた上で、ともにこれからのことを考える必要があるのです。

支援者が形成する、当事者や地域住民との信頼に裏づけられた関係を「援助関係」といいます。それは、当事者や地域の人たちが安心して自分や自分たちの気持ちを表現し、支援者に支えられながら、あるいは自分たちで支え合いながら、自ら問題解決に向かう勇気を得る関係といえるでしょう。詳細は後述します。

地域住民の「共生」の意識を喚起する

地域住民に「共生」の意識を喚起するように働きかけることで、「個人を地域で支える支援」と「個人を支える地域をつくる支援」が一体化します。

地域住民は、「専門職は私たちの苦労をわかってくれているのか」「どちらの味方なのか」「私たちに丸投げしようとしているのではないか」などと敏感になっています。

ですから、専門職は、いきなり地域住民に協力を求めるものではありません。「住民が当事者に日々関わることのたいへんさをきちんと理解していること」「専門的な支援が必要な部分には、専門職が責任をもって関わっていること」「決して地域住民に困難を押しつけようとしているわけではないこと」を伝える必要があります。また、地域を訪れたときに、当事者だけではなく近隣の人たちへの声かけや、その声かけの内容も大切になってきます。そのうえ、個人情報に配慮しながら、当事者の状況が前向きに変化するタイミングを見計らって、「共生」の意識を近隣に訴えるのです。

そして、専門職と地域住民が役割分担して協働します。専門職の役割には、地域住民が自分たちで考え、自分たちで当事者への支援を組織化できるように支えることも含まれます。

支援を必要とする当事者に専門職と地域住民が協働で関わることで、地域住民は、自分が住む地域のニーズを知ることができ、自分自身の老後や家族の将来の暮らしのためには、地域ぐるみの支え合いが必要であることに気づいてもらえる可能性が広がります。そのことで、「個人を地域で支える支援」と「個人を支える地域をつくる支援」が一体化したソーシャルワークへと発展し、地域で何かが起こればすばやく発見し、必要な支援につなげることができるセーフティネットが構築されることにもなるのです。

よりよい援助関係の形成

さて、前述した援助関係について詳細に解説しておくことにします。福祉分野の専門職のみならず、ほかの分野の専門職も行政職員も、さらには地域住民同士も、この援助関係の形成の仕方を知っておくことで、相手との信頼に裏づけられた関係を築く可能性が広がるのです。この援助関係の形成の仕方は、「支援者の態度」とも言い換えることができます。

相手との関係性（無意識のつながり）を意識する

私たちは、まわりの人たちの雰囲気や何気ない一言で、楽しくなったり嬉しくなったりすることもあれば、寂しくなったり悲しくなったりすることもあります。私たちは、望んでもいないのに、意識もしていないのに、常にまわりの人たちとつながっているのです。こうした無意識のつながりを「関係性」といいます。

無意識のつながり、すなわち関係性は、人と人との関係の土台となります。人と人との関係には、家族や友人との関係のように「自然発生的にできる関係」と、支援者と支援を必要とする人たちとの関係や、住民同士で支え合おうとするときの関係のように、「支援という目的をもって意図的につくる関係」があります。後者を「援助関係」といいます。

自然発生的な関係とは違って、援助関係は目的がはっきりしています。ですから、支援という目的を達成するための第一段階として。関係性を意識してみることが大切なのです。相手との無意識のつながりがどのような状況になっているか、つまり、相手との間にどのような空気があって、どのような気持ちが行き来しているのかを意識してみるということです。

たとえば、黒田芳子さんと支援に関して何らかの契約を取り結ぶとしましょう。契約書にサインをし、印鑑を押してもらう場面を想像してください。サインをし、印鑑を押してもらえれば、手続きが完了します。しかし、本当に納得して印鑑を押したかどうかは、手続きという事務的なものとはまったく別の次元の問題なのです。もし印鑑を押さざるを得ない空気がそこに漂っていればどうでしょう。その空気は、支援者やその場の状況がつくり出す威圧感なのです。黒田さんは、納得していなくても印鑑を押します。

支援者は、早くサインをし、印鑑を押してほしい。ちゅうちょされている黒田さんの様子を見て、焦りやいらだちが生じます。「ここに印鑑を押してくれないと支援ができないのよ」などとは決して口にしません。しかし、黒田さんは、支援者の雰囲気から、そのように言われているように感じます。黒田さんは、サインをし、印鑑を押したものの、納得できないまま、支援者に対して嫌な印象をもってしまう。こうして、支援者と黒田さんのぎくしゃくした関係がスタートするのです。

これを防ぐためには、支援者は、黒田さんとの間にどのような空気があって、どのような気持ちが行き来しているかを意識してみることです。そして、不都合なつながりがあるとわかった場合は、修正することが大切になります。

相手の気持ちを深く理解する

無意識のつながりを意識したら、次に相手の気持ちに関心をもってみます。たとえば、地域包括支援センターの北さんが想像したように、「(黒田さんは) もともと社交的なのに、今は誰も家に入れようとしないし、しっかりされているのにゴミや臭いのことでご近所から苦情が出るということは、何か問題を抱えていて、一人で悩んでらっしゃるかもしれない」などです。

支援を必要としている人は、多くの場合、みじめな気持ち、恥ずかしい気持ち、反発したい気持ち、どうしたらいいかわからない気持ちなどをもっています。今までのいきさつに不満を抱いていることもあります。誰にも相談できず一人で抱え込んでいることもあります。こうした気持ちが、言葉や態度、表情やしぐさなど、さまざまな形となって現れます。そのさまざまな形から、「ひょっとしたら……」と想像してみるのです。

そのときに気をつけたいのは、「きっとこの人はこんな気持ちに違いない」と即座に決めつけないことです。第一話のコラム①（三八頁）で示したように、人の気持ちは複雑なのです。黒田さんのように、「ご近所さんと仲よくしたい」という気持ちがあっても、「こんなに片づいていない家をご近所さんに見られたくない」と思うように、相反する気持ちを同時に抱えていても不思議ではありません。相反する気持ちを抱えていると、どうしていいかわからなくなり、気持ちがしんどくなるのです。これを葛藤といいます。

相手の気持ちを想像したら、想像した気持ちを相手に伝え返してみます。「ご近所さんと仲よくしたいのに、家の中を見られたくなくて、どうしたらいいかわからないのですね」「黒田さんは、娘さんにも相談できず、悩んでらっしゃるんですね」などです。こうして伝え返すことは、支援者の勝手な決めつけを防ぐためにも有効です。なぜならば、黒田さんは、違っていれば、違っていることやどのように違っているかを教えてくれるからです。

こうして、想像した気持ちを伝え返してみると、相手は、支援者が自分の気持ちや状況に関心をもっていること、自分の気持ちを大切にしたいと思っていることが伝わり、信頼してもらえる可能性が広がります。もし伝え返した気持ちが間違っていたとしてもです。

相手の信頼を得られるにしたがい、相手は自分のことを語ってくれます。なぜなら、人というのは、「自分のことをわかろう」としてくれる人には、自分の気持ちをたくさん話したくなるものなのです。こうして、相手の気持ちを深く理解することで、相手との信頼に裏づけられた援助関係が形成される可能性が広がるのです。

原則にしたがった援助関係を形成する

援助関係を形成するための支援者の態度として、「バイステックの七原則」*が参考になります。ここでは、バイステックの七原則を参考にし、援助関係形成の原則として筆者なりに整理しておくことにします。七つの原則を意識することで、よりよい援助関係を形成することができる可能性が広がります。

援助関係形成の原則（参考：バイステックの七原則）

①プライバシーに留意することで安心を与える（秘密保持）

思い切って他人に悩みを相談するとき、誰もが「ほかの人に話さないでほしい」と願う。うしろめたい過去や心の傷をもっていることもある。それは、家族や親しい友人にさえ知られたくないことかもしれない。相手のプライバシーを必ず守ることを言葉や態度で示し安心してもらう。

②感情に応答することで自分の気持ちへの気づきをもたらす（意図的な感情表出）

人は葛藤や不安を抱えるとマイナス思考をし、心の中で悪循環が生じる。そのため混乱し気持ちが整理できない。複雑な気持ちをわかってもらえると安心し、さらに気持ちを話す。気持ちを表現すると改めて自分の気持ちに気づく。それを意図的にもたらすために気持ちにしっか

＊フェリックス・ポール・バイステック（Felix Paul Biestek）……神父。ワシントンD.C.のカトリック大学でソーシャルワークの博士号を取得後、カトリック系のロヨラ大学の教員として30年を過ごし、1957年に『ケースワークの原則（原題：The casework relationship）』を出版。支援者として、支援が必要となる人に関わるときの七つの基本的な態度がまとめられており、「バイステックの七原則（Biestek seven）」と呼ばれている。

り応える。

③援助者自身の感情や価値観を脇に置く（統制された情緒的関与）

暮らしや人生を支える仕事は、支援者の感情や価値観に左右されやすい。ときには、相手に激しい怒りを感じる。かわいそうに思うこともある。支援者は、そうした感情や価値観の傾向を知り、その傾向に左右されず、相手の側に立つ必要がある。そのために、感情や価値観を脇に置く。

④あるがままを受け止める（受容）

相手の話を聴いていると、「いったいどうしろっていうの」と感じることがある。しかし、相手が最もしんどいのは、「どうしていいかわからない」こと。それをあるがまま受け止める。無理難題を受け容れることではない。無理難題を言わざるを得ない相手の気持ちを受け止める。

⑤決して裁かない（非審判的態度）

自分の感情や価値観から、つい相手を裁きたくなる。人は誰でも、葛藤や不安を抱えているときほど裁かれたくないもの。「なぜ相手は、私が裁きたくなるようなことをするのか」、それを理解する。なぜかを理解することができれば相手を裁かなくてもすむ。

⑥一般論で片づけない（個別化）

客観的に見ると同じような状況であっても、相手によってみな気持ちや状況の中味が違う。まったく同じ体験をしていても、感じ方や捉え方はみな違う。相手は、ほかの誰とも違う自分の話を聴いてほしい。自分の気持ちを理解してほしい。

⑦あくまでも側面から援助する（自己決定）
あくまでも問題解決するのは相手。支援者が代わりに解決するものではない。相手が混乱していても、理解力や判断力が不足していても、自分の気持ちや置かれている状況を振り返り、何が適切なのかを自分で選び決めることができるように、そのプロセスに寄り添い支える。

支援者は自分のことをよく知る（自己覚知）

しかし、原則にしたがって援助関係を形成することは容易ではありません。支援者であっても、誰もがみなその前に生身の人なのです。ですから、私たちは、人と出会ったときに何らかの感情を抱きます。「あの人はいい人だ、もっと近づきたい」「あの人はこわそうだ、近づきたくない」。こうした感情は、価値観から生まれます。人はみな「こんな人はいい人」「こんな人はこわい人」という価値観をもっていて、ついついその価値観から感情が動き、人を判断してしまうのです。

価値観は人によって違います。同じということはあり得ません。なぜなら、人はみな抱えている人生が違うからです。子どもの頃に父親や母親にどんなことをしつけられたのか。どんな友だちや先生と出会ってどんな影響を受けたのか。どんな地域で暮らしてきたのか。どんな集団に属してきたのか。そこでどんな立場だったのか。そんなことによって、人はみな価値観が違うのです。そして、それぞれ違う価値観が色めがねとなって、それぞれの人の目に覆いかぶさっています。青いめがねの人が黄色いものを見ると、青みがかった黄色に見えます。赤いめがねの人が黄色いものを見ると、赤みがかった黄色に見えます。同じものを見ても、めがねの色によって見え方が違うのです。ですから、たとえば、「黒田さんの家はゴミ屋敷」と聞いただけで、支援者によれば「黒田さんはだらしのない人」「不潔な人」と感じるのです。それが先入観となり、「どうして片づけができなくなったのか」という黒田さんの事情に耳を傾けることなく、即座に「不潔で健康によくない。煙草を吸っていることからボヤの危険もある。とにかく片づけるべきだ」と結論を急いでしまうのです。その支援者は、幼いときから「片づけができないことはいけないこと」だと母親に厳しくしつけられてきたのかもしれません。身内に片づけのできないだらしのない人がいて、毎日いらいらしているのかもしれません。

黒田さんの事情に耳を傾け、黒田さんの気持ちに添った支援をするためには、支援者は、そうした自分の感情や価値観の背景にあるものを知ることが大切なのです。「私はどんな人に対してだらしないと思いやすいのか。不潔と思いやすいのか。それはどこからきているのか」ということです。支援者が自分の人生を振り返り、相手に抱いてしまう気持ちのメカニズムを知ると、「なるほど」と自分に納得することができます。それができると、相手に対してだらしないと思う自分を、一歩引いたところから眺めている格好になります。つまり、新しい自分が今までの自分を眺めているという格好です。それができると、自分とは違う相手の事情や気持ちを考えようというきっかけが生まれ、話を聴いてみようと思うことができるようになるのです。

こうした一連の流れを「自己覚知」といいます。自己覚知の入り口は、支援者自身の感情や価値観、その背景にあるものを知ること。出口は、自分自身の感情や価値観に左右されず、純粋に相手の側に立って相手を理解すること。援助関係形成の原則の「**③援助者自身の感情や価値観を脇に置く（統制された情緒的関与）**」は、自己覚知に近い概念だといえます。

図2-2のように、支援者の自己覚知によって援助関係が形成され、援助関係の形成によって「価値」に基づいたソーシャルワークが成り立つのです。

図2-2　支援者の自己覚知、援助関係の形成、
「価値」に基づいたソーシャルワークの関連

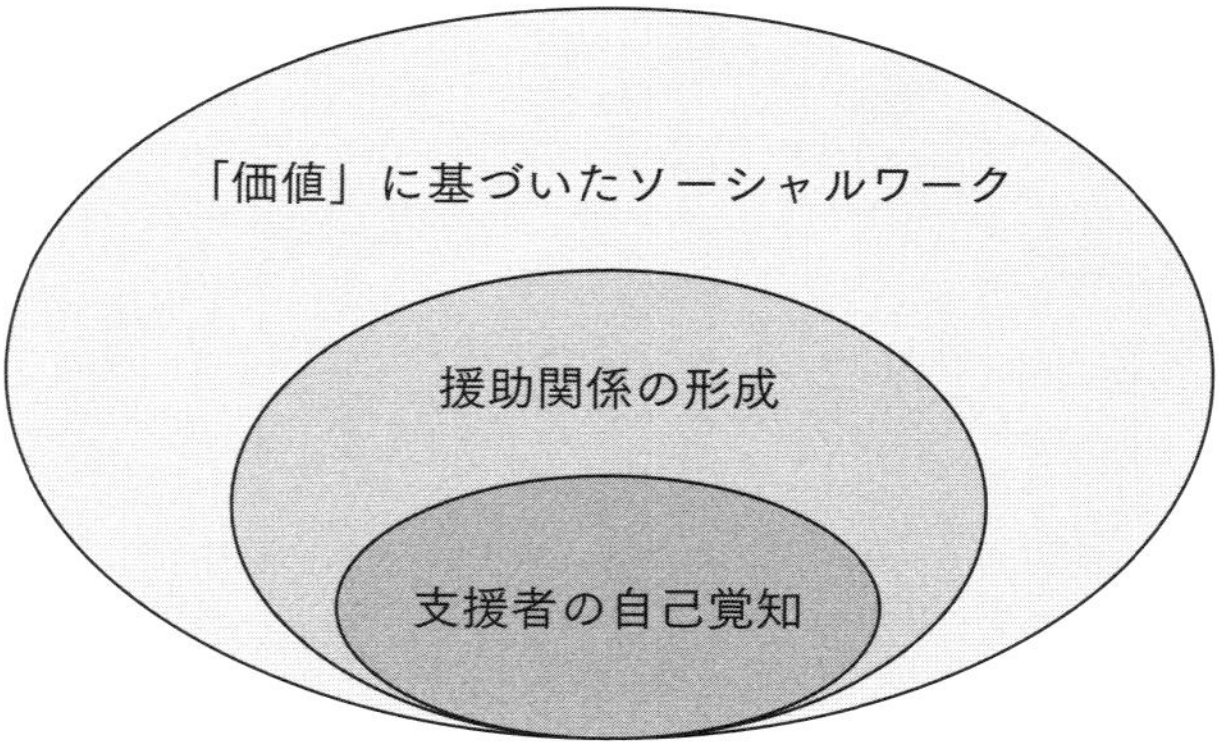

第二話のポイント

ソーシャルワークの「価値」

- ただ人であるだけで、その人のかけがえのなさを尊重する
- 個人的に苦手でも、そのことで違いのある人を排除しない
- 多様性の尊重は、自分自身との闘いである

「価値」に基づいたソーシャルワークの実践

- ソーシャルワークでは、当事者が問題と折り合いをつけながら暮らしていくこと、家族や地域、社会とのつながり方を改めて模索する
- あくまでも当事者が主体として問題解決することを支える
- 地域住民の感情を理解し、あるべき姿を押しつけない
- 地域住民と専門職の協働で、「共生」の意識が生まれる

よりよい援助関係の形成

- 相手との間にある空気、気持ちの行き来を意識する
- 相手の気持ちに関心をもち、状況から気持ちを想像してみる
- 相手の気持ちを想像したら、伝え返してみる
- 七つの原則を意識し、援助関係を形成する

支援者の自己覚知

- 支援者は、自分の価値観や感情の傾向を知る
- その傾向に左右されず、相手の側から相手を理解する

※支援者の自己覚知、援助関係の形成、「価値」に基づいたソーシャルワークの実践は連動している

第三話　さまざまな専門機関や住民のつながり

多問題家族の苦悩

「どうしたの？　日和《ひより》」

下校途中、稲葉美咲の家に立ち寄るなり、橋本日和は怒りをぶちまけた。

「先生が、稲葉さんのことを慰めてあげてね。それから先生は味方だからって伝えておいてねって」

「それで、日和は何て言ったの？」

「美咲はかわいそうな子と違います。慰める必要なんかありません。美咲の気持ち、何にもわかってないじゃないですか。始業式の日、美咲の家の事情をみんなに言ったでしょ、あれ最悪！」

担任の土屋美穂は、始業式のホームルームで、「稲葉さんは、お母さんを亡くし、お婆さんは介護が必要で、かわいそうなの。でも、よく頑張ってるから応援してあげてね」と言ったのだ。

「あのこと、ついに言っちゃったの……」

「美咲も相当怒ってたでしょ」

「あのときはね。でも土屋先生、やたら同情したがるけど、悪気はないってわかってきたの。お父さんに話してからそう思えるようになったよ」

「美咲、そう思うんだ。学校を休んでいる間にずいぶん大人になったんだね。私も休もうかな」

「何を言ってるの」

美咲の話を聞いていると、日和は怒っていることが馬鹿らしくなってきた。

「美咲と話していると心が落ち着く。ありがとう。……そうそう美咲、これ応募しない？」

日和は、スクールバッグからチラシを取り出した。「社会を明るくする運動、作文コンテスト」と書いてある。

「私、書いてみようと思うんだ。美咲も作文書くの、好きでしょ」

「それ、私も書く！」

「じゃあ、明日土曜日、一緒に書こう。昼からくるね」

孫娘と祖母

稲葉美咲、一三歳。この春、中学二年生になった。小学四年生のときに母親を交通事故で亡くし、五年生の春から、桜台で父親と七八歳になった祖母の千代子と暮らしている。母親の死はあまりにも突然でショックが大きかったが、千代子のおかげで少しずつ元気を取りもどした。

「美咲がきてくれて、お婆ちゃん嬉しいよ」と言う千代子も、夫を六年前に亡くし、寂しい一人暮らしを送っていた。だが、息子と孫娘の世話をするようになり、次第に活き活きとしてきた。美咲は、毎朝早くから父親の弁当をつくり、学校から帰宅後は、宿題をすませると、洗濯物たたみ、夕食づくりなど、すすんで千代子を手伝った。

三人の暮らしは順調だった。しかし、美咲が中学一年生になった夏、千代子は膝の手術を受けた。以前から両膝の治療をしていたのだが、痛みで歩行が困難になってきたのだ。二か月で退院したが、両膝に障害が残り、外出するには車椅子が必要になった。それに加え、入院中から物忘れがひどくなり、退院に合わせて要介護1と認定された。

美咲と千代子は力を合わせて家事を行った。父親の弁当までは手が回らなかったが、美咲にとっては、千代子と一緒に家事ができること、それに何よりも千代子の車椅子を押して、週に一〜二度、景色のきれいな三号公園に散歩に行くことが楽しみになっていた。

美咲が中学二年生になった頃から、千代子に見当識障害が現れだした。時間と場所がわかりにくくなったのだ。美咲が帰宅すると、よくパニックに陥っている。だが、美咲が、「お婆ちゃん、ただいま。これから晩ごはんつくるから、お婆ちゃんは、いつものドラマ見て待っててね」と言うと、決まって落ち着く。だから、美咲は、学校が終わったらすぐに帰るようにしていた。

ゴールデンウィークが終わった頃、それまで仲よくしていた友だちが「付き合いが悪い」と口を聞いてくれなくなった。どうやらあちこちで陰口も言っているらしい。美咲はそのことを、同じ西四丁目に住む親友である橋本日和から聞いた。

美咲は頑張って学校に行ったが、どうしても行きたくない日は、千代子が学校に電話をしてくれた。千代子は、朝はしっかりしているので電話はできる。それに、美咲が一日家にいると、見当識障害に陥ることはない。美咲にとって千代子はなくてはならない存在だが、千代子にとっても美咲はなくてはならない存在になった。美咲はそれが嬉しかった。

七月に入り、美咲はまったく学校に行けなくなった。あれこれ尋ねてくる担任の土屋美穂の声を聞くとしんどいのだ。放課後にかかってくる電話は土屋の可能性が高く、美咲は出ないようにした。学校を休んでいることを父親には黙っていた。この一年、父親はとても忙しく、朝早く家を出て、夜遅くに帰ってくる。千代子は、昨日学校に電話したことを今日は忘れている。それに、週二回通うデイケアの日は、お迎え予定の一〇分前に、千代子には玄関の外の椅子に座って待ってもらい、送りの時間には、学校から帰ってきたばかりのふりをして出迎える工夫もしていた。

先日、担任の土屋が父親の会社に電話したという。美咲が電話に出なくなったからだ。帰ってきた父親は、困った顔でどうしたのか尋ねた。美咲は、急激に罪悪感が膨らみ破裂しそうになって、泣きながら父親に話した。美咲は少し楽になったが、父親はとても悲しそうだった。

母親と娘、自身の問題の狭間

「実は、母と娘のことが心配でしてね」

健康管理センターの相談室で、稲葉春男はそう切り出した。健康診断で急激な肥満を指摘され、医師から運動と食事制限、そして健康管理センターに行くよう指示があったのだ。

看護師の島崎加奈子は一瞬首をかしげた。ここは健康管理センターである。健康に関して社員の相談に応じるところだ。

「お母さんと娘さんのことが心配といいますと？」

「実は……」と春男は話しだした。

稲葉春男、四六歳。大手食品会社の営業第二課長である。昨年春から大きなプロジェクトを任され、忙しさに翻弄《ほんろう》されていた。

四年前の夏に妻を交通事故で亡くし、娘が五年生になる春を待って実家に引っ越してきた。すでに父親は亡くなっており、実家では母親が一人で暮らしていた。

昨年夏、母親が変形性膝関節症のため手術を受け、二か月間入院した。家の中では伝い歩きができるが、膝の障害が残り、認知症の症状も出ていたことから要介護1と認定された。週二回デイケアを利用している。そのほか母親の世話や家事は、中学一年生になった娘がすすんでこなしていた。

ところが、娘が中学二年生になり、友だちから付き合いが悪いと敬遠され、ゴールデンウィーク明けから登校できない日が出てきた。今はほぼ不登校に陥っている。それを最近、担任から会社への電話で知った。母親の認知症も進み、時間と場所の認識ができないことが増えているという。

「昨年の春にプロジェクトを任されてから食生活は不規則だったのですが、母が入院するまでは弁当をつくってくれていて、それなりに健康管理はできていたのです。でも今は……」

「なるほど、そういうことだったんですね」

島崎は、一つひとつ確認しながら話を聴いていた。

「整理させてくださいね。まず、稲葉さんは、昨年の春からプロジェクトを任され、とても忙しくて食生活が不規則になった。そのうえ昨年の夏、お母さんが入院されてからは、お弁当も期待できなくなった。認知症のお母さんと学校に行けなくなった娘さんがとても心配で、大きなストレスがかかっている。そのことでさらに食生活が乱れて、うまく健康管理ができなくなってしまった。健康管理がうまくいかないことについては、こういったいきさつでよかったですか？」

「そうそう、そのとおりです」

「わかりました。ずいぶん複雑な問題を抱えておられるようですね。お母さんと娘さんの問題は、ここで取り扱うことはできません。それで、まずお母さんを担当されている介護支援専門員さんと連絡を取りたいのですが、構わないでしょうか？」

「もちろん結構です。ぜひお願いします」

島崎は、春男の会社から委託を受けて、会社近くの医療法人から派遣されているベテラン看護師である。週二日の勤務なので、複雑な問題を一人で請け負うことは不可能だ。そこで、島崎は、春男の居住地を担当している専門機関に、稲葉一家の支援を委ねるべきと判断した。

分野を超えた専門職ネットワーク

健康管理センター看護師の島崎は、春男の母親千代子の担当介護支援専門員である佐久間綾子に連絡を取ると、地域包括支援センターにも関わってもらう必要があることで一致し、島崎、佐久間、そして、包括の北峰子の三人で、オンライン会議を開いていた。

「どうやら稲葉さん一家の支援は、こちらですべきですね。佐久間さん、明日にでも千代子さんの家庭訪問をしてみませんか？」

北は提案した。

「そうですね。明日、千代子さんはデイケアに行くはずです。帰宅時間に合わせて訪問するといいですね。美咲さんのお話も聴けると思いますし」

北と佐久間は、日頃から一緒に仕事をする機会が多く、あうんの呼吸だ。

「あっ、そうそう、島崎さん。美咲さんの担任の土屋先生に電話でお話を聴きたいので、春男さんからその連絡を土屋先生に入れてくださるようにお願いしていただけませんか？」

「わかりました。明日の訪問と土屋先生への連絡について、春男さんに伝えておきます」

島崎は、北の依頼に笑顔で応えた。

専門職による状況の把握

訪問による聞き取り

「突然の訪問、ごめんなさいね」

翌日、北とともに稲葉家を訪問した佐久間は、玄関先に出てきた美咲に詫びた。

「いいえ、昨夜、お父さんが説明してくれました。桜台を担当している専門の人が助けてくれることになったって。お婆ちゃんと私のことを心配してくださっているんでしょ」

「そう、とても心配でね。地域包括支援センターの北さんと一緒に、何とかしたいと思っているのよ」

玄関先で、佐久間は美咲に北を紹介した。リビングでは、千代子がにこやかに待っていた。佐久間が千代子に北を紹介し、しばらく四人で談笑すると、佐久間はそのままリビングで千代子の話を、北は二階の美咲の部屋で美咲の話を聴くことにした。

情報交換と今後の打ち合わせ

「千代子さんは、平和そのものでしたよ。美咲さんが学校に行ってないこと、ちゃんとわかっていました」

「美咲さんが言っていましたが、千代子さんは、午前中は認知症ってわからないぐらい、普通に会話ができるんですってね。午後、特に夕方は落ち着かなくなって、家の中をうろうろすることもあるようですが、美咲さんが見えるところにいて、声をかけると大丈夫なようです」

地域包括支援センターにもどった北と佐久間は、お互いに得た情報を交換していた。そこへ「遅くなりました」と民生委員・児童委員の吉坂典子がやってきた。地域で何ができるかを模索するため、北は、吉坂とも情報を共有すべきと判断したのだ。事前に大まかな状況は電話で伝えてある。

「美咲さんのことで、引っかかりがあるんですよ」

北は改まった。

「学校に行けなくなったきっかけは、確かにクラスメイトから敬遠されたことなんですけど、六月末まで、半分ぐらいは行けていたのです。今月に入ってまったく行けなくなったのは、どうも担任の土屋先生と何かあったんじゃないかって」

「どういうことですか？」

佐久間は驚いて尋ねた。吉坂も目を見開いている。

「先生の声を聞くのがしんどいって」

北は、今朝、担任の土屋美穂に電話で事情を聞いたときに違和感があったのだ。土屋は、「お母さんを亡くし、お婆さんは介護が必要で、稲葉さんはかわいそうだけどよく頑張っている。応援してあげてね」といったようなことを、始業式の日のホームルームで生徒たちに言ったという。

「家庭の事情をホームルームで？」

「それはちょっとねえ」

佐久間も吉坂も眉をひそめた。

「ところで、美咲さんには、仲のいいお友だちはいるんですか？」

吉坂は尋ねた。

「同じ町内に橋本日和さんって子がいて、転校してからの仲よしらしいです。日和さんは、毎日学校帰りにきて、宿題を一緒にするんだそうです。何でも話せる唯一の友だちって言っていました。一度、日和さんにも話を聴いたらいいですね。それと、東中学には、スクールソーシャルワーカーさんがきてくださっているそうですから、そちらにも相談してはどうかと思っています」

北は、分野を超えた専門職ネットワークが必要だと考えていた。

「西四丁目は、自治会長の熊野さんのお膝元で、わかもの会っていう子育て世代のボランティアグループができたんですよ。ひょっとしたら、いいつながりができるかも」

吉坂が切り出した。

「それ、いいですねえ」

佐久間がすばやく反応する。すると北が、

「どんな活動をしているんですか？」

「まだできたばかりでよくわからないんですが、熊野さんに確認しておきます」

まだ目立った活動はしていないようで、状況を確認してから考えるということになった。

分野を超えた専門職の連携・協働

「なるほどよくわかりました。土屋先生には、このあとそれとなく聞いてみます。その上で稲葉さんの家庭訪問をすることにします。そのときにご一緒いただけますか？」

スクールソーシャルワーカーの樋上一也は、教頭を介して連絡を受け、北と面談していた。市の教育委員会に配置されてから一〇年以上勤務するベテランである。

「もちろんです。お婆さんの担当介護支援専門員の佐久間さんも同席します。稲葉さんのお友だちの橋本さんがきている放課後がいいと思いますよ」

「さっきお話に出ていたお友だちですね。そのように稲葉さんとお父さんに連絡を入れてみます」

そのときドアがノックされ、教頭とともに、美咲の担任、土屋美穂が入ってきた。

「それじゃ、私はこれで」と入れ違いに北は出て行った。

「私、もう自信をなくしてしまいました」

土屋はソファーに座るとすでに半べそをかいている。教頭から、稲葉美咲のことでスクールソーシャルワーカーの樋上から面談の申し入れがあると聞いて、先日、橋本日和に責められたことを思い出したのだ。朝からびくびくしていた。まだ教師になって二年目。生徒からの評価は、「よく気がついて優しい」と「お節介でうっとうしい」に二分されていた。

「生徒によって受け取り方が違いますからね。橋本さんと稲葉さんにとっては、お節介に感じたんでしょう。でも、家庭の事情をほかの生徒の前で言うのはいけませんよ。しかも無断で」

樋上は、土屋の話を否定せずに聴いていたが、駄目なものは駄目とその部分だけはあえて言った。

「申し訳ありません……」

「来週、高齢者介護の専門機関の方々と一緒に、稲葉さんの家庭訪問をしようと思っています。稲葉さんの不登校は、お婆さんの介護と密接に関係していますので」

「はい、よろしくお願いします」

土屋は、一緒に行きますとは言えなかった。

翌週火曜日の放課後、樋上、北、佐久間は、稲葉家を訪問した。すでに橋本日和はきていた。

「ちゃんと宿題をやっていたんだね」

「はい、日和に教えてもらってやっていました」

樋上が驚くほど、ノートやプリントが整理されている。これなら学習の遅れはないだろう。

「美咲は頭がいいから、学校に行っている私より勉強ができるんですよ」

日和が美咲のことを自慢げに言う。

「ところで、千代子さんと美咲さんにご相談なんですが……」

佐久間が切り出した。

「あ、たぶんそれ、昨日お父さんから聞いたことです」

もうすぐ一学期が終わる。二学期から学校に行くことを目標にしないかと、春男に提案されていた。夏休みのあいだ、千代子の身の回りの世話のためホームヘルパーにきてもらって、千代子も美咲もそれに慣れないかというものだった。「美咲が、お婆ちゃんの世話の仕方をヘルパーさんに教えてあげるんだぞ。夏休みのあいだに覚えてもらわないといけないから」という春男の説明には心が動かされた。

「千代子さんはいかがですか?」

「美咲がいいんだったら、私はいいですよ」

昨夜の話を覚えているかどうかは定かでないが、今の佐久間の説明は理解できているようだ。

「じゃあ、美咲さんが二学期から学校に行くことを目標に、いろいろな調整を進めていきますよ」

北が言い、美咲が「はい、わかりました」と返事をする。一同はうなずいていた。

こうして、千代子の介護と美咲の不登校をめぐるさまざまな調整は福祉と教育、春男の健康管理は医療という分野を超えた専門職ネットワークで、稲葉一家の支援に取り組むことになった。

ゆるやかな住民のつながり

夏祭りは、桜台で最も大きなイベントである。しかし、近年夏祭り自体が継続の危機に直面していた。自治会の部会である文化体育委員会の大きな負担になっていたのだ。役員は一年で交代する。毎年慣れない新役員が中心を担わなければならない。毎年のように一部の役員から、もうやめればいいのにという声が聞かれていた。

今年度、熊野が自治会長を継続し、坂下による懸命の調整で、安心・安全ネットワークが新しく生まれ変わった。災害時要支援者の把握の次に力を入れたのが、夏祭り実行委員会の再編だった。

実行委員長は自治会長である熊野、副委員長は自主防災会会長である坂下が担い、安心・安全ネットワークを構成するすべての団体で、細かく役割分担をすることになった。そのため、文化体育委員会の負担は著しく軽減された。

子育て世代のボランティアグループ

活動への提案

「遅くなった。申し訳ない。民生委員の吉坂さんがきてくれてな。これはあとで相談」

「クマさん、待ってたぞ。とりあえず乾杯だ」

毎週土曜日の作戦会議。さっそく坂下勝矢が、冷蔵庫から缶ビールを取り出すと二本ずつ配った。

「吉坂さんの話だけど。これは、今の段階ではマル秘だぞ、絶対」

熊野文太が切り出した。マル秘は作戦会議でのルールなのだが、絶対というのは極秘の合図だ。

「西四丁目に、稲葉さんっていう家があって……」

自治会長・熊野のお膝元ということで、吉坂典子は実名で稲葉一家のことを教えてくれたのだ。

「先々、わかもの会で、お婆さんと中学生の孫娘に何らかの支援ができないかと思って。専門的な支援は専門家にしてもらうとして、日常的にわかもの会で何かできないだろうか?」

吉坂の問い合わせは、わかもの会はどんな活動をするのかというものだったが、熊野は、わかもの会に、将来の活動に向けて何らかの提案ができないかと考えていた。

「来月の夏祭り、わかもの会は自主防災会の焼きそば屋に協力してくれるし、中学生だったら何か手伝えるだろ。参加してもらったどうなんだ」

坂下が言う。

「それはそうなんだけど。イベントだけやじゃなくて日常的に何かできないかなあと思ってな」

「わかもの会は、まだほとんど活動してないんじゃないのか。仕事や子育てで忙しいんだろ」

「そうなんだよ」

熊野と坂下のやりとりは堂々めぐりをしそうだ。

「わかもの会って、そもそも特定の誰かに対して支援するためにつくったものじゃないでしょう」

「そう、そのとおり」

植松京介の指摘に熊野はうなずく。

「子育て世代の若い人たちが交流して、顔の見える地域にしたいってことじゃないんですか？」

「キョーさん。よくわかってるなあ。子育て世代が自主的に活動してコミュニケーションを取れば、地域が活気づくだろ。子どもも着いてくるし。それに、地域の次の担い手が育ってほしいんだ」

「でも、稲葉さん一家の事情を、クマさんからわかもの会に話すことはできませんし。わかもの会の人たちが、自分たちで考えて行動するのを見守るしかないんじゃないですか？」

「俺もそう思う」

植松に坂下が同意する。

「確かにそうだなあ。ゆったり構えて様子を見るか」

熊野は、時期尚早であることはわかっていたのだが、坂下と植松に確認したかったのだ。

中学生への協力依頼

「昨日、お父ちゃんが、夏祭りの焼きそば屋を手伝ってくれないかって」

日和は、今日も学校帰りに、美咲と一緒に宿題をするためにやってきた。

日和の父親橋本忠夫は、わかもの会のリーダーを務めている。本町の実家で総菜屋を営んでいるが、勤め人よりも時間の融通が利くということで、リーダーを引き受けたのだ。今回の夏祭りで、わかもの会は、焼きそばの模擬店を出す自主防災会に協力することになっていた。最も大きな模擬店だという。なにせ一二〇〇パックの焼きそばを焼く。わかもの会は四〇〇パックを分担していた。忠夫が調整した結果、わかもの会では当日参加できる大人の数が足りないことがわかったのだ。

「いいじゃない、手伝ったら」

「違うの、美咲と二人で手伝ってくれないかって」

「私も？」

「そう、西四丁目は、中学生が二人しかいないでしょ。小学生では焼きそばを焼く戦力にならないし。美咲、料理に慣れているから、お父ちゃんが目をつけたんだ」

「私は、お婆ちゃんをみないといけないからなあ」

「それも大丈夫。お父ちゃんが、今度の日曜日、美咲のお父さんに頼みにくるって」

なんと段取りのいいことか。お父さんがお婆ちゃんをみてくれたら、自分は焼きそばを焼き、お父さんとお婆ちゃんがお客さんとして買いにくる。想像すると美咲は舞い上がる心地だった。

住民をつなぐ夏祭り

夏祭り当日、空は青く晴れ渡った。耳をつんざく蝉の声。気温は三三度を超えている。子ども神輿《みこし》が、たくさんの子どもたちを引き連れてやってきた。そのうしろを大人もついてくる。午後四時に四号公園に到着すると、駆けつけた市長があいさつし、夏祭りがスタートした。

気がつけば、四号公園は人があふれかえっている。色とりどりの浴衣《ゆかた》が目立つ。どのテントも大賑わいだ。東中学校も、戦争の真っただ中にいる国と大きな地震による被災地への支援募金コーナーを設けている。美咲を、付き合いが悪いと突き放した中西彩音の姿もあった。ステージでは、桜小学校の児童による金管バンドの演奏がはじまった。軽快な曲のメドレーだ。

焼き上がった焼きそばがパックに詰められ、どんどん並んでいく。最初、美咲は売り手に回った。ものすごい勢いで売れていく。自主防災会のおじさんたちはとても手際がいい。焼き手と詰め手の連携も抜群だ。これは日頃から地域で一緒に活動している賜物なのだろう。

役割の交代。美咲と日和は焼き手に回った。大学生の熊野琢磨が二人の補助についた。

美咲は、琢磨の金髪を見て思い出していた。ゴールデンウィークが終わった頃、千代子と三号公園に散歩に出かけ、藤棚の下のベンチでしゃべっていたとき、お婆さんをおんぶして坂を上ってきたお兄さんだった。日和に話すと、自治会長の次男だと教えてくれた。体が大きくてがっしりしている。優しそうな笑顔がまぶしい。どうやら琢磨も、わかもの会に駆り出されたようだ。

美咲は、両手に大きなヘラをもち、大量の焼きそばを混ぜる。なんと爽快か。ソースが焼ける香ばしい匂いに食欲もそそられる。

「美咲ー！」

お父さんの声だ。お婆ちゃんの車椅子を押している。

「美咲の分も買っておくからな」と叫ぶお父さんに、「お願いしまーす」と返す。

ステージでは、東中学校吹奏楽部の演奏がはじまった。ちょっと落ち着いた雰囲気の曲だ。

休憩――。琢磨、日和、美咲の三人が木陰で帽子を脱ぎ、汗をぬぐっていると、

「美咲、ちょっといい？」

顔を上げると、東中学校のコーナーにいた中西彩音が立っている。美咲を付き合いが悪いと突き放した女子だ。日和は怪訝そうな顔をしていたが、美咲は構わず立ち上がり、彩音のもとへ歩いた。

「美咲、ごめんね」

そう言うと、美咲におみくじのように結んだ手紙を渡し、走り去った。

「何だったの？」

相変わらず日和は怪訝そうな顔をしている。

「何かわからないけど、ごめんねって言って手紙くれたよ」

「ふーん、今さら何よねえ」

「あとで読む。日和は気にしない気にしない」

揃いの法被《はっぴ》で、地元の和太鼓隊が演奏をはじめた。地響きのような音はお腹の中まで振わせた。

二度目の休憩中、本日二杯目のかき氷を食べていると、「終了ー！」と焼きそば屋から歓声があが

った。自主防災会とわかもの会合わせて合計一二〇〇パックを焼き終えたようだ。

急いでもどると、「琢磨くん、日和ちゃん、美咲ちゃん、ご苦労さま。ありがとう」。次々に握手を求められる。日和の父親忠夫は、日和と美咲の頭をポンポン叩いて労をねぎらってくれた。

心地よい気だるさ

日が陰り、暑さがいくぶん和らいだ。灯りがともされ一気に雰囲気が変わった。櫓《やぐら》のまわりには、老人クラブの面々が浴衣姿でスタンバイしている。ひときわ艶やかな浴衣を着た女の人が櫓に登ると、地元の音頭を歌いはじめた。小さな子どもからお年寄りまで、あちこちから人が集まる。

「楽しかったね……」

「ほんと……」

言葉数は少ないが、二人して心の底から楽しむことができた心地よい気だるさを味わっていた。と同時に、美咲は、一学期の自分が、学校に行きたくないと駄々をこねていたようで恥ずかしくなった。嫌な思いをしたことなど、とてもちっぽけなことのように思えてきたのだ。

ふと思い出し、ポケットからおみくじのような手紙を取り出した。中西彩音から手渡されたものだ。おみくじを解くと、割り箸の袋を広げて細かい文字がぎっしり書いてある。

「美咲、ごめんなさい。私、お婆ちゃんのお世話を一生懸命している美咲がうらやましかったんだ。去年、私のお婆ちゃんが亡くなったとき、お婆ちゃんのお世話がしたくて、学校を休むって言ったら、お母さんに怒られてできなかったの。お婆ちゃんは、私が学校に行っている間に亡くなりました。帰ったら、遺体は病院から家に帰っていて、私は泣き崩れました。お婆ちゃんが大好きだったからね。美咲、本当にごめんなさい。二学期はまた仲よくしてください。　彩音」

「何て書いてあったの？」

「何でもない」

「そう？　何でもないの」

美咲は、突っ込んで聞かない日和のそんなところが好きだ。

「私、二学期からまた彩音と仲よくする」

「だったら私も、仕返しに彩音を無視してやったけど、もうやめて仲よくする」

「ありがとう」

「美咲、帰らなくていいの？」

「あっ、帰らないと。お婆ちゃんのお風呂をみないといけなかった」

このあとお楽しみ抽選会が行われるが、半券を日和に渡すと、美咲は急いで帰って行った。

私の居場所

地域住民の温かいまなざし

翌朝、美咲は千代子の車椅子を押して買い物に出た。四号公園を通りがかると、自主防災会のおじさんたちが残りの片づけをしていた。

「おお、美咲ちゃん、昨日はお疲れさま」「ありがとう」と、みんなが声をかけてくれる。ひときわ声の大きいおじさんが、どかどかと駆け寄ってきた。元気いっぱいの副実行委員長・坂下だ。

「琢磨があんたのことほめていたぞ。よく気がつくし、よく働くし、それに可愛いしって」

「ええーっ、あ、ありがとうございます」

最後の言葉は聞こえないふりをしたが、頬の温度が一気に一〇度ほど上がったようで、うまくごまかせなかったかもしれない。

公園の隣のスーパーに入ると、また近所のおばさんたちが声をかけてくれる。「ご苦労さま」「美味しかったよ」「すごいね」「うちの子、中学生になったら焼きそば焼きたいって」。いろいろな言葉がスーパーを飛び交う。千代子は呆気にとられているようだった。

みんなちゃんと見てくれていたんだ。それに近所の人たちのつながりが見える。とても心地よい。桜台には私の居場所がある。美咲はそう思った。

大人への階段

二学期がはじまった。みんなよく焼けている。白目と歯が異様に白く見える男子もいる。それぞれ夏休みを謳歌《おうか》したのだろう。みんな何もなかったように接してくれる。それが何よりも嬉しい。中西彩音も、以前のように普通に話しかけてくれる。学校にも美咲の居場所があった。

担任の土屋だけが、「一学期はごめんね」「もう勝手に言わないから」「お父さんは先生のことどう言ってた？」と相変わらずだ。しかし、美咲は、嫌な気持ちになることはなかった。

こうして一か月が経ち、ある日のこと。朝礼前に土屋が教室にきて、校長先生が呼んでいるからと美咲を校長室に連れて行った。

「稲葉さん、おめでとう！」と校長先生がいきなり言う。社会を明るくする運動、作文コンテストで市長賞を受賞したのだそうだ。美咲は応募したことをすっかり忘れていた。今日はこのあと全校朝礼なので、そのときに発表してもいいかと聞かれた。「そうそう、こうやって生徒の承諾を得ることが大事なんだよ、土屋先生」と思ったが、こんなところで言うべきではない。

「はい、発表してください」と美咲は承諾した。校長室を出ると、美咲は「やったぁー！」と両手を挙げて一度だけ飛び上がると、控えめのスキップで教室にもどった。

二学期に入り、美咲は、新しい世界へと一歩を踏み出したような気がしていた。それは大人への階段を着実に登りはじめたという実感だった。

コラム③　自分が考える「べき」が正しいとは限らない

私たちは、日常的によく「〇〇するべき」という言葉を使います。言葉にしなくても、心の中でそう思うことは多いものです。

たとえば、職場の人に対して、「机の上はきちんと片づけるべき」「提出物は期日までに提出するべき」など。日常生活でも、家族に対して、「脱いだ服は、洗濯機に入れておくべき」「使った食器は水に浸けておくべき」など。

私たちは、この「べき」によって、イライラし、相手とうまく関係を築くことができなくなることが多いのです。

①「べき」はすべて正解

世の中に存在する「べき」は、少なくとも本人にとってはすべて正解なのです。それがたとえ社会的におかしいと思っても、信じている本人にとっては、それこそが正解なのです。

②「べき」は程度の問題

たとえば「時間を守るべき」。ある人は、定刻の一〇分前にくるのが当たり前ですが、ある人は、ちょうどにくればいいと考えています。少しぐらい遅れても問題ないと考えている人がいるのも現実です。

③「べき」は、時代や立場によって変わる

筆者が子どものころは、親から、知らない人にでもあいさつしなさいと教わりました。今は、防犯上の理由から、知らない人とは話をしてはいけないと教わります。また、子どものころは、嘘をつくべきではないと教わりますが、やがて、「嘘も方便」という考え方も覚えます。

第二話で「支援者の自己覚知」について触れ、「感情や価値観を脇に置く」ことについて解説しましたが、私たちの身近に存在する「べき」が油断ならないのです。地域共生社会実現の鍵を握る「多様性の尊重」にも、第三話の主題である「さまざまな専門機関や住民のつながり」にも大きな影響を及ぼします。ですから、日頃から、自分の「べき」をふり返り、その「べき」によって、他者との関係にどのような影響が及んでいるかを意識してみることも大切なのです。

（参考：安藤俊介『はじめての「アンガーマネジメント」実践ブック——自分の「怒り」タイプを知ってコントロールする』ディスカヴァー・トゥエンティワン、二〇一六年、四八～五四頁）

解説

さまざまなネットワーク

稲葉さん一家には、多様で複合的な問題が発生しました。支援が必要になった直接のきっかけは、千代子さんが要介護状態となり認知症を発症したことでした。そのことで、中学生の美咲さんが千代子さんの世話をするようになりました。学校が終わるとすぐに帰宅し世話をしますが、友だちから付き合いが悪いと敬遠されるようになり、やがて学校に行けなくなりました。美咲さんは、いわゆる「ヤングケアラー」「いじめ」「不登校」といった問題を抱えることになりました。

一方、春男さんは、仕事が忙しいうえ、千代子さんの入院によって毎日の弁当が期待できなくなり、さらには、千代子さんと美咲さんのことが心配で、ストレスをため込むようになりました。そのことによって健康管理が不十分になり、医師により急激な肥満という警鐘が鳴らされました。

ネットワークとは

これらは、もはや特定の誰かの問題ではなく、稲葉さん一家が抱える問題だといえます。一人の専門職、あるいは一つの専門機関の力で解決に結びつけることは困難で、多分野の専門職や専門機関によるネットワークはもちろんのこと、合わせて、隙間を埋める地域住民によるインフォーマル（非公式）なネットワークが組み合わされる必要があります。

「ネットワーク」を論じるときには、多くの切り口があり、明確に定義づけることは困難なのですが、ここでは、そのありようから「何らかの目的、あるいは価値観を共有し、お互いに補い合いながら協力し合う、個人やグループ、組織などのゆるやかなつながり」としておきます、これを、地域共生社会を実現するネットワークに置き換えると、「支援にまつわる関係者や関係機関、地域住民が、当事者や地域のニーズに沿って、お互いに必要な情報や資源を交換し、連携・協働するゆるやかなつながり」だといえるでしょう。

ソーシャルワークでは、さまざまなネットワークが有効に機能しています。

①個人の支援に焦点を絞った関係者や関係機関のミクロレベルのネットワーク
②地域の人々や組織をつないでいくメゾレベルのネットワーク
③制度や政策の開発や人々の意識の啓発などマクロレベルのネットワーク

などがありますが、さらに、これらは柔軟に結びつき、そのときの状況に応じ変化する重層的なネットワークへと広がっていきます。

いずれにしても、ネットワークの構築は、地域共生社会を実現するために有効なソーシャルワークの手段として捉えることができるのです。

分野を超えた専門職のネットワーク

稲葉春男さんの会社から委託され、健康管理センターに週二日勤務している看護師の島崎さんは、稲葉さん一家が抱える問題に対して、自分一人での力ではどうすることもできないことをいち早く感じ取りました。そして、まずは、千代子さんの担当介護支援専門員である佐久間さんと相談し、地域を管轄する地域包括支援センターの北さんを含め三人でオンライン会議を開きました。そこで、稲葉さん一家が住んでいる地域において、一家を「丸ごと」支援する必要があることで一致し、分野を超えた専門職ネットワークを構築する取り組みがはじまりました。

しかし、分野を超えた専門職や専門機関がネットワークを構築することは容易なことではありません。たとえば、春男さんへの支援は看護師の島崎さんがする。美咲さんへの支援はスクールソーシャルワーカーである樋上さんがする。千代子さんへの支援は介護支援専門員である佐久間さんがする。これは従来どおりの支援ですが、美咲さんの支援に焦点を絞りながら家族への支援は誰がするのか、千代子さんへの支援に焦点を絞りながら家族への支援は誰がするのか、つまり、地域共生社会の考え方でいう、問題や世帯を「丸ごと」支援するのは誰で、どのようにするのかという問題が浮上するのです。

「ネットワークで取り組む」といえば、なんとなくうまく事が運ぶようなイメージがありますが、対等に連携・協働すると、責任の所在が曖昧になりやすいのです。そのことによって、専門職や専門機関間で、支援の「譲り合い」や「押し付け合い」が起こりかねないのです。

また、分野を超えた専門職が連携・協働するためには、当然ですが円滑なコミュニケーションが必要になります。それぞれの専門職が積極的にほかの分野を理解する姿勢をもつこと、ほかの分野では通用しない独自の言語を共通言語に置き換えることも必要になってきます。

職域によって必要な専門知識や技術は違います。「これぐらいは知っていて当たり前」といった意識がお互いに働き、コミュニケーションに齟齬《そご》が生じることもあります。さらに、あくまでもたとえ話ですが、「医師には逆らえない」「介護支援専門員はいつも忙しくしている」「教師は固いことを言う」などといった職業に対するイメージから、お互いに関わりにくさを感じることも現実的にあります。当たり前のように多職種の連携・協働が叫ばれていますが、そもそも連携・協働する難しさが存在しているのです。

しかし、稲葉さん一家のように多様で複合的な問題を抱え、時間の経過とともに変化をしていくことが容易に想像できる場合、分野を超えた専門職ネットワークが有効に機能します。必要に応じて形を変えながら、さまざまな角度から当事者にアプローチすることができ、当事者が望む暮らしを取りもどすことができる可能性が高くなるのです。ですから、どの分野の専門職も、連携・協働することは当たり前であるという意識のもと、ほかの分野の専門職や専門機関とのコミュニケーションを円滑にする努力が必要になるのです。

ゆるやかな住民のネットワーク

第一話で開催された地域ケア会議で、「桜台では、最大のイベントである夏祭りを担当する自治会役員に大きな負担がかかっているが、今後は安心・安全ネットワークとして取り組む。市社協と包括はそれを支援する」（三六頁）と取り決められました。そのことがあと押しをしたのですが、そもそも桜台には地域の力が埋もれていたのでしょう。実行委員会の再編によって、一気にその力があふれ出したようです。

安心・安全ネットワークを構成するすべての団体が役割を分担し、多くの人たちが、夏祭りの開催という共通の課題でつながりました。さらに、当日は、小学生や中学生、住民有志、地元の和太鼓隊などによる出し物をとおした参加、子ども神輿に引き連れられた子どもたち、それに多くの住民が客として、四号公園にはあふれかえるほどの人が集いました。夏祭りは、ゆるやかな住民のネットワークをつくる仕掛けになったといえます。

現代の日本では、家制度、地縁など固定された身分からの解放をめざし、個人の自由が実現されてきました。その一方で、身近なつながりに煩《わずら》わしさを感じ、地域とのつながりを避ける人たちを増やしてしまったともいえます。至るところにコンビニエンスストアができ、インターネットが普及し、電子メール、ＳＮＳによるコミュニケーションが当たり前になりました。ある意味で豊かになり便利な世の中にはなりましたが、地域の人たちが力を合わせてお互いの生活を支え合う機会が減少し、地域、近隣への無関心が、時代とともに助長されたことは否めません。

こうした現状の社会から地域共生社会へと転換していくための仕掛けが必要不可欠になったといえます。夏祭りに限りませんが、地域で行われるイベントや日常的な取り組みは、地域住民の交流や活性化につながります。地域を基盤として、一人ひとりの住民や一つひとつの団体ではなし得ない課題に取り組んでいく。そして、そのプロセスを共有することで、立場や役割の異なる人たちの共感と地域への愛着が育まれる。こうして、ゆるやかな住民のネットワークが生まれるのです。

夏祭りには、美咲さんの近隣の人たちも多く参加しました。そして、焼きそばの模擬店を手伝った美咲さんは、多くの近隣の人たちから注目を浴びることになりました。一学期、美咲さんは、クラスメイトから敬遠されたことや担任の土屋先生との関係で、学校に行くことができず苦しみました。しかし、親友の橋本日和さんや熊野琢磨くんの存在、夏祭りをとおしたわかもの会や自主防災会の人たち、近隣の人たちの存在が大きな助けとなりました。美咲さんが自信を取りもどす、ゆるやかな地域住民のネットワークができたといってもいいでしょう。このことは、今後、支援を必要としている人が孤立しないよう、住民同士のゆるやかな支え合いや見守りへと発展する可能性を秘めているのです。

重層的なネットワークを構成するさまざまな団体や組織

分野を超えた専門職のネットワーク、ゆるやかな住民のネットワークについて限定的に取り上げましたが、切り口を変えると、無数ともいえるさまざまなネットワークの構築が可能です。組み合わせることで、その有益性の幅が広がることが期待できる組織や団体は、たとえば、次のようなものが考えられます。

物語には登場していませんが、多くの地域に存在する住民の団体として、商工会、消防団、青年団、子ども会、女性団体（旧婦人会）などが挙げられます。

また、特別養護老人ホーム（第一種）や保育所（第二種）など社会福祉事業を行うことを目的とした非営利法人である「社会福祉法人」も各地に存在します。二〇二三年現在、全国で二万一〇〇〇法人を超えています。社会福祉法人には、地域貢献事業（地域における公益的な取り組み）を実施することが社会福祉法で義務づけられ、地域の事情に照らし合わせながら、さまざまな工夫をした取り組みを行っています。たとえば、地域住民に低額や無料で提供する「ふれあい食堂」、認知症の改善や対応、介護方法などを学ぶ「住民のためのセミナー」、民生委員・児童委員など住民との協働による「見守り支援ネットワーク」、複数の法人が共同で出資する「生活困窮者の自立支援」など多岐にわたります。

さらに、二〇種類の分野において活動する「ＮＰＯ（特定非営利活動）法人」は、二〇二三年現在、全国で五万法人を超えています。分野別件数の第一位は「保健・医療・福祉」、第二位は「社会教育」、第三位は「子どもの健全育成」。地域共生社会の実現に直接的に影響する「まちづくり」「環境保全」「職業能力・雇用機会」も上位に入っています。

社会福祉法人もＮＰＯ法人も、私たちの身近なところに多く存在しています。日常的に、車体に「社会福祉法人〇〇〇〇」「ＮＰＯ法人〇〇〇〇」と書いた車を目にすることが多いでしょう。

全国、あるいはグローバル規模で展開する大手企業も、地域に存在する中小企業も、二〇一五年九月に国連で採択されたＳＤＧｓ（持続可能な開発目標）と絡め、地域貢献事業に取り組むところがずいぶん増えました。ＳＤＧｓでは、世代を超えたすべての国、すべての地域の人々が、誰一人取り残されることなく、尊重される社会をめざしています。

これらの団体や組織が、目的や必要性に応じて柔軟につながると、無限の可能性を秘めた重層的なネットワークとして有効に機能します。

地域を越えたネットワーク

ところで、ＳＮＳや電子メールなどインターネット等のコミュニケーション手段は、地域住民のつながりを阻害している一方で、地域を越えた人、モノ、情報の流通を容易にし、地域を越えた広域的なネットワーク活動を可能にしました。

特に少子高齢化や人口減少が顕著な地域では、高齢者等の生活支援など、住民同士による支援はもちろんのこと、専門職による支援も困難になってきています。こういった地域では、ほかの地域との連携・協働でその解決を図っていくことも視野に入れることができるようになりました。

たとえば、地域を越えた支援活動を、兵庫県では次のように分類しています。* 参考になるので紹介しておくことにします。

＊『兵庫県県民生活審議会答申　緩やかなつながりによる社会的孤立を防ぐ地域づくり』兵庫県県民生活審議会、2011年2月、p.34では、兵庫県知事から諮問のあった「兵庫らしい地域づくりに向けた県民活動のあり方」についての答申、「第5章　今後の地域づくりのあり方」の中で「重層的なつながりの形成」として、地域を越えた支援活動を三つに分類している。

①特定のテーマに取り組む団体が、そのノウハウを地域に提供して活性化を図る「ノウハウ型」

安全や農産物の生産と流通に取り組む、NPO法人ひょうご農業クラブが、県の地域再生大作戦で取り組まれている宍粟市千町地区と連携し、双方にとってメリットのある関係を形成している。

②個別の活動に共感し資金面の支援を行う「資金支援型」

神戸を拠点とする国際ソロプチミスト六甲が、丹波市の婦人会等が主として実施する福祉梅林の集いを支援している。

③比較的人口の多い地域から、個別の活動に必要な一定数の人材を派遣する「人的支援型」

佐用町の水害にボランティアとして参加した大学生のグループが、被災地でコミュニティカフェを開いたり、竹炭の商品開発・販売等の継続的な支援を行っている。

また、地域SNSなどのインターネットを活用したさまざまなサービスは、地域での直接的なつながりを補完し、地域の結びつきを強化したり、ネットワーク上での情報共有や交流によって、新たなつながりを生み出すことに寄与しています。

このように、さまざまな個人や団体、組織などが、地域を越えて重層的につながり、地域のさまざまな問題や課題に柔軟に対応していくことも可能なのです。

ネットワークを活かしたセーフティネットの構築

そもそもネットワークは、常に変化するという特性をもっています。個々の専門分野の事業、地域に存在する個々の団体の活動そのものは、固定化され柔軟性に欠ける傾向があります。しかし、さまざまなネットワークが重層的に柔軟に交わると、構成メンバーの状況や動きによって、また、当事者の状態や地域の状況に合わせて自由自在に変化することができるのです。その特性を活かすことで、「ヤングケアラー」「いじめ」「不登校」などのような名前がまだついていない、あるいは、まだ人々の意識にのぼっていない問題にも柔軟に対応することができ、セーフティネット構築の基礎になるのです。

地域におけるセーフティネット

稲葉さん一家がそうだったように、多くの場合、一つの問題から芋づる式にどんどん問題が発生し、多様で複合化していきます。そのまま放置されると、悪循環を引き起こし、ますます問題が複雑化し、地域や社会からの「孤立」、地域住民が被る迷惑、偏見のまなざしなどによる「排除」にもつながりかねません。稲葉さん一家へは、世帯を丸ごと支援しようと、分野を超えた専門職がネットワークを構築し対応することができました。

さらに、地域住民のゆるやかなつながりは、専門職ネットワークではなし得ない、美咲さんや千代子さんの日常的な居場所の確保をし、地域や社会への参加を促しました。そして、地域住民のゆるやかなつながりと専門職ネットワークは、お互いに補完し合う重層的なネットワークへと広がっていきました。これは、存続の危機にあった「夏祭り」というイベントを実行委員会の再編によって成功に導いた熊野さんや坂下さんをはじめ、地域住民の努力の結果であり、地域としての成長があったからでしょう。

やがて、ときが経ち、美咲さんが不登校を克服し、千代子さんへの訪問介護（ホームヘルパー）による支援が軌道に乗るにしたがい、専門職によるネットワークの形は変化していきます。また、ゆるやかな地域住民のつながりに包まれながら、たとえば、美咲さんや日和さんなどが新しく地域住民をつなぐ役割を担うようなことになれば、地域住民のゆるやかなネットワークもどんどん変化していきます。そして、その輪が広

図3　専門職ネットワークと住民ネットワークによるセーフティネットの構築

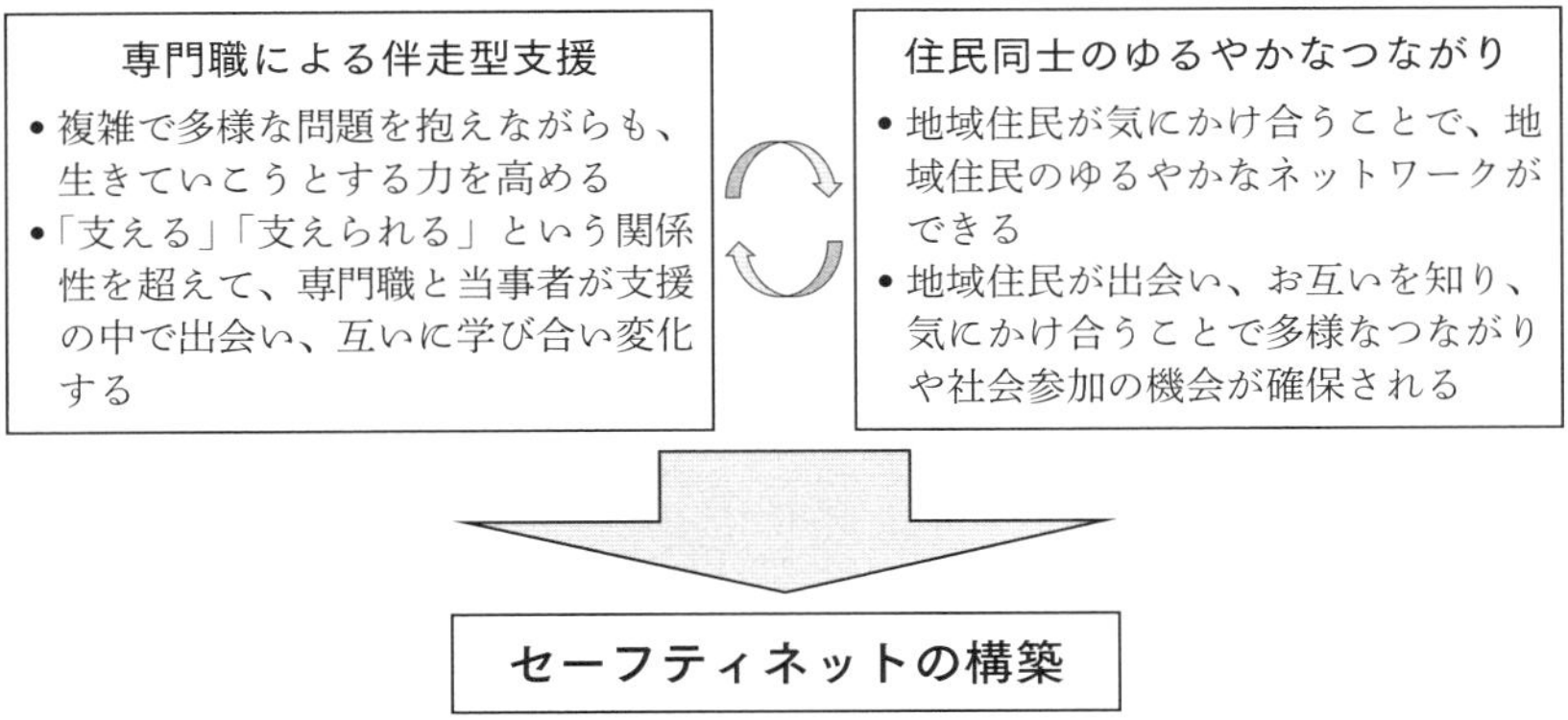

専門職による伴走型支援
• 複雑で多様な問題を抱えながらも、生きていこうとする力を高める
•「支える」「支えられる」という関係性を超えて、専門職と当事者が支援の中で出会い、互いに学び合い変化する
住民同士のゆるやかなつながり
• 地域住民が気にかけ合うことで、地域住民のゆるやかなネットワークができる
• 地域住民が出会い、お互いを知り、気にかけ合うことで多様なつながりや社会参加の機会が確保される
セーフティネットの構築

参考：地域共生社会に向けた包括的支援と多様な参加・協働の推進に関する検討会（地域共生社会推進検討会）「最終とりまとめ（概要）」2019年12月26日

がっていくと、次に、稲葉さん一家のように支援を必要とする人たちが現れることを未然に防ぐ、あるいは、早期に解決に向けての対応ができる可能性が広がるのです。

これは、図3（前頁）のように、地域におけるセーフティネットが構築されつつあるということなのです。「伴走型支援」とは、社会的な孤立を防ぐために、専門職が当事者と「つながり続ける」支援を意味しています。「つながり」は、「かけがえのない一人の人として尊重する」というソーシャルワークの「価値」を土台としています。問題が解決したからといって支援を終了するものではありません。伴走型支援は、「支え手」と「受け手」の垣根を乗り越えて、社会的な孤立そのものに対応するものですので、人生という時間軸の中でいつまでも対等につながり続けるのです。

そして、伴走型支援とともに、地域住民の気にかけ合う関係性でつくられる「ゆるやかなつながり」が車の両輪として機能することで、セーフティネットが自ずと構築されていきます。[*] 専門職による当事者とのつながりと、お互いに気にかけ合い、声をかけ合い、何かがあればちょっとした支え合いを気軽にできる地域住民のゆるやかなつながりがあれば、社会的な孤立を予防することができるのです。

政策としての「包括的な支援体制」

今まで整理してきたことを、地域共生社会の実現に向けて政策として整理したものが「包括的な支援体制」だといえるでしょう。

＊第五話では、「専門職による伴走型支援」と「住民同士のゆるやかなつながり」を合わせて「寄り添い支援」と表現し、現金給付や現物給付による「課題解決支援」と対比させて説明している。

「地域共生社会推進検討会　最終とりまとめ」*では、表3のように、三つの支援を一体的に行う市町村の新たな事業を創設すべきとされました。

①断らない相談支援

「制度の狭間」をなくすことを主眼とし、問題や世帯を丸ごと支援できるように、まず、どのような相談も受け止め、相談を受けた専門職が自ら対応する、または、関係機関につなぐとともに、分野を超えて支援関係者全体を調整する機能を充実させるとしています。さらには、支援を必要としている人や世帯と継続的につながり続ける「伴走型支援」にもつなげようとするものです。

稲葉春男さん一家の支援について、健康管理センターに勤める看護師の島崎さんから千代子さんの担当介護支援専門員である佐久間さん、佐久間さんから地域包括支援センターの社会福

表3　市町村における包括的な支援体制の整備のあり方

事業の枠組み

断らない相談支援	参加支援	地域づくりに向けた支援
○本人・世帯の属性にかかわらず受け止める相談支援 ①属性にかかわらず、地域のさまざまな相談を受け止め、自ら対応する又は関係機関につなぐ機能 ②世帯を取り巻く支援関係者全体を調整する機能 ③継続的につながり続ける支援を中心的に担う機能	○本人・世帯の状態に合わせ、地域資源を活かしながら、就労支援、居住支援などを提供することで社会とのつながりを回復する支援 ○狭間のニーズに対応できるよう既存の地域資源を拡充する取り組みを中心に、既存の人的・物的資源の中で、本人・世帯の状態に合わせた多様な参加支援の提供を行う	○地域社会からの孤立を防ぐとともに、地域における多世代の交流や多様な活躍の場の機会と役割を生み出す支援 ①住民同士が出会い、参加することのできる場や居場所の確保に向けた支援 ②ケアし支え合う関係性を広げ、交流・参加・学びの機会を生み出すコーディネート機能

参考：地域共生社会に向けた包括的支援と多様な参加・協働の推進に関する検討会（地域共生社会推進検討会）「最終とりまとめ（概要）」2019年12月26日

＊地域共生社会に向けた包括的支援と多様な参加・協働の推進に関する検討会（地域共生社会推進検討会）「最終とりまとめ（概要）」2019年12月26日

祉士である北さん、北さんから美咲さんが通う東中学校のスクールソーシャルワーカーである樋上さんへとつながっていった「丸ごと支援」の一連の流れは、「断らない相談支援」の趣旨に沿うものなのです。

②参加支援

当事者や世帯の状況に合わせて、地域の資源を活かしながら社会とのつながりを回復する支援のことを意味しています。また、制度の狭間に置かれ適用する制度がない場合にも対応できるように、すでにある社会資源を拡充させ、当事者の状態に合わせて多様な参加支援の提供を行います。

美咲さんが、分野を超えた専門職のネットワークと住民のゆるやかなネットワークによって、次第に学校や地域とのつながりを回復していった一連の流れは、「参加支援」がめざすものだといえるでしょう。

③地域づくりに向けた支援

地域からの孤立を防ぎ、地域での多世代の交流や多様な活躍の機会と役割を生み出すことができるように、住民や地域そのものを支援することです。参加し、住民同士が出会うことができるような場や機会、居場所を確保する支援をします。そのことによって、気にかけ合い支え合うことができる住民同士の関係性を広げ、交流や参加、学びの機会を生み出すためにさまざまな調整をします。

桜台では、夏祭りの実行委員会が再編され、新しい安心・安全ネットワークを構成するすべての団体が細かく役割分担をし、住民あげての夏祭りを成功させたうえ、そのことによって、住民同士のつながりが生まれたことは、「地域づくりに向けた支援」がめざすものだといえるでしょう。

行政の責任としての仕組みづくり

稲葉さん一家への「断らない相談支援」は、分野を超えた専門職ネットワークによって実現しました。そして、「参加支援」や「地域づくりに向けた支援」がめざす結果をみせることができたことは、そもそも桜台という地域や地域住民がもっていた潜在的な力があふれ出した結果だといえるでしょう。

しかし、ここでいう「包括的な支援体制」とは、行政の責任として整える仕組みなのです。行政は、さまざまな分野の専門職や専門機関が必要に応じてネットワークを構築することを側面的に支えるとともに、地域住民やさまざまな地域のグループ、団体、組織の活動をあと押しする。そのための意思疎通を図る体制を整えなければならないのです。

もちろん、専門職や専門機関の果たす役割は大きいですし、地域住民が自分たちのニーズを把握し、それを満たすことができるように活動を展開することは大切です。しかし、それらがつながる「包括的な支援体制」という仕組みを整えることは行政にしかできないことですので、行政はそのことをしっかり自覚する必要があるのです。

第三話のポイント

分野を超えた専門職のネットワーク

- さまざまな専門職がネットワークを構築することで、問題や世帯を「丸ごと」支援することができる
- 「譲り合い」や「押し付け合い」にならない調整が必要である
- 互いにほかの分野の専門職を理解する姿勢と努力が必要である

ゆるやかな住民のネットワーク

- 地域での取り組みは、地域住民の交流や活性化につながる
- 一人の住民や団体ではなし得ない課題に取り組むことで、立場や役割が異なる人たちの共感と地域への愛着が生まれる

重層的なネットワークの構築

- さまざまな地域の団体、社会福祉法人、ＮＰＯ法人、企業なども含めて、目的や必要性に応じて柔軟につながると有効に機能する
- 地域を越えたネットワークは新たなつながりを生み出す

セーフティネットの構築

- 専門職による「伴走型支援」と住民同士の「ゆるやかなつながり」は、セーフティネットの車の両輪である
- 政策としての「包括的な支援体制」の仕組みづくりは、行政の責任である

第四話　福祉と防災の連携・協働

自主防災組織

「オカエリ、ナオチャン……ゴメンネ」

コーポさくらんぼ前の広場で出迎えたタオは、走り寄ってきた尚哉《なおや》を抱きしめ、聡史《さとし》はその二人を丸ごと抱きしめた。夫妻は涙でくしゃくしゃだ。

「ごめんね、ごめんね」

聡史も繰り返す。

毎週日曜日、二人で一時保護所に面会に訪れていたのだが、こうして尚哉を家に向かい入れると、喜びもひとしおだ。と同時に、二度とこういうことは繰り返さないと強く決意したのである。

河原真紀は、その様子を微笑ましく見守っていた。

集合住宅対策

今日の作戦会議には、民生委員であり主任児童委員の河原真紀が招かれていた。河原から相談を受けた自治会長の熊野文太がそう判断したのである。河原は、植松京介の亡くなった妻良子の民生委員仲間であり親しい友人だった。植松もよく知っていて、家に招くことを快く了解した。

お盆が過ぎた頃のことだった。集合住宅に引っ越してきたばかりの夫妻と子ども一人の家庭で、児童虐待とＤＶが発覚した。母親は東南アジア籍、子どもは三歳の男の子で、保育所で背中に不自然なあざが見つかり、近頃のおびえた態度から、虐待ではないかと児童相談所に通報された。児童相談所で母親と子どもの面接をしたところ、児童虐待のみならずＤＶも発覚したのである。

子どもは、即座に児童相談所で一時保護となり、夫妻は同居のまま、児童家庭支援センターでカウンセリングを受けることになった。父親は、リストラから一時的に自暴自棄に陥っていたが、そもそも真面目な性格で、子どもを返してもよい、むしろ返したほうが子どもと夫妻のためであると判断され、保護から一か月、家族三人は再び一緒に暮らすことができることになった。

「無事に子どもが返されたのはよかったが、アパートの住民関係を何とかしないといけないな」

熊野は、住民の様子を聞き、顔をしかめた。

虐待が発覚する前からアパートの住民は知っていたという。父親の大声やそれに呼応する母親の悲鳴、子どもの泣き声は、アパート中に響きわたっていたらしい。夜中にアパート敷地内のベンチで、子どもと母親が泣きながら座っているところも目撃されていた。だが、児童相談所への通報も、アパートを管理している不動産会社への連絡も、住民同士の話し合いもまったくなかったという。

「そうなんですよ。私もとてもショックで、ですから、こうして相談にきたんです」

河原は、泣きそうな顔で言う。

「災害時の要支援者の把握はできたが、これだけアパートの住民の関係が希薄だと、虐待は野放しになるし、大きな災害が起こったら、それこそたいへんなことになるぞ。アパートには要支援者がたくさんいるからなあ」

自主防災会会長である坂下勝矢も険しい表情だ。

「要支援者を把握するだけでは駄目なんですね」

植松京介は、向かいのアパートで孤独死が発見されたことを思い出し、坂下に同調する。

西三丁目には、さくら荘とコーポさくらんぼというアパートがある。植松家の向かいにあるさくら荘は、個人が大家をし、植松の家から一〇〇メートル先、コーポさくらんぼは不動産会社が管理をしている。三月の孤独死はさくら荘で起こり、今回の児童虐待とＤＶはコーポさくらんぼで起こった。

「一一月の避難防災訓練に向けて、アパート対策をしっかりやってみるか。ちょうど災害時支え合いマップをつくっているところだし」

災害時支え合いマップとは、一人の要支援者に対して、地域住民から最大三人の支援者を決め、住宅マップに支援の手順を図式化しようというものだ。初めての試みである。

「そうだな。今回は、アパート優先でやってみようじゃないか」

熊野と坂下は、やる気がみなぎってきたようだ。植松も真剣な表情でうなずく。

「今回問題になったご家族、松場さん一家なのですが、尚哉くんのお父さん、聡史さんは、ご両親と弟さんを阪神淡路大震災で亡くされているんです。ひょっとしたら協力してくださるかもしれませんよ。声をかけてみてはいかがでしょうか?」

「そうだったのか。それじゃ、自主防災会に誘ってみるとするか」

河原の提案に、坂下が応えた。

頼りになる協力者

たび重なる逆境

松場聡史、四二歳。中学二年生のときだった。親戚の法事のため、両親と幼い弟は、大震災の前日から神戸の親戚の家を訪れていた。聡史は、「もう中二なんだから」と、初めて一人で両親がいない夜を過ごしていた。そして翌早朝、大地震に襲われたのだ。親戚の家は全壊のうえ火災に遭い、全員が亡くなった。聡史はその後、児童養護施設で育った。

高等専門学校を卒業した聡史は、中堅鉄鋼会社に技術職として就職した。東南アジア支社に勤務を命じられ、三〇歳代前半までのほとんどを海外で過ごした。

妻のタオとは、そのときに知り合い、聡史が本社勤務を命じられ、日本にもどる三七歳の春に結婚した。聡史は、新築のマンションを三五年ローンで購入し、日本での結婚生活を順調に滑り出した。タオは、製粉会社でパートとして働き、家計を助けた。

世界中で感染症が猛威を振るいはじめた頃、タオが妊娠していることがわかった。在宅勤務を命じられた聡史は、タオのお腹が次第に大きくなることで幸せを感じていた。尚哉が生まれ、やがて一歳になると、聡史は無事出社できるようになり、タオも製粉会社でパートを再開した。

聡史は子煩悩《こぼんのう》だった。尚哉は、聡史が帰宅すると玄関の鍵を開ける音に反応し、「パパーッ」と玄関まで走り出る。聡史は、尚哉を天井近くまで抱え上げると、どすんと胸のあたりで受け止め、ぎゅっと抱きしめながらリビングに入ってくる。リビングには、夕げの匂いが立ちこめている。幸せを絵に描いたような暮らしだった。

ところが、今年三月、鉄鋼会社が大幅なリストラを発表した。感染症の蔓延《まんえん》により落ち込んだ業績の回復が見込めず、大規模な事業縮小に踏み切ったのである。まだ四二歳。仕事を探さなければいけない。聡史はそう思いながらも、リストラに納得できないことと技術職であるプライドで、求職する気持ちは失せてしまった。朝から酒をあおり、ふらふらパチンコ屋に出かける日々が続いた。

タオとの言い争いも激しくなった。ときに聡史の手が出る。そのたびに尚哉は大声で泣く。エスカレートすると、「やかましい！」と尚哉も突き飛ばされる。

家計といえば、もはやタオのパート収入しかない。八月にマンションを売り払い、家族三人は、桜台のコーポさくらんぼに引っ越してきたのである。

タオは、尚哉を自転車で保育所に送り届け、そのままパートに出かける。聡史は、ハローワークに出かける日もあるが、結局、職種や採用条件を見て嫌気がさし、帰って酒を飲みだらだら過ごす。

そして夜は修羅場《しゅらば》と化する。そんな日々が繰り返された。

逆境を乗り越える兆し

「尚哉が一時保護されて、私は目が覚めました。尚哉とタオに大けがをさせる前に発見されてよかったです。本当に反省しています。一時保護中、河原さんが毎日きてくださって、私たちの話を聴いてくださいました。感謝しかありません」

タオはうつむいたまま、聡史が話すのを聴いている。

「そうだったんですね。でも、また三人で暮らせるようになってよかったです。それでご相談なんですが……」

「昨日、河原さんからだいたいのことはお聞きしました。桜台では熱心に防災に取り組んでおられるそうですね」

今日、坂下と河原は、四号公園で松場夫妻と待ち合わせをしていた。河原は、坂下が夫妻と話している間、砂場やブランコで尚哉の子守りをしている。

「松場さんも桜台に住む仲間として、一緒に活動してもらえないかと思いましてね」

「もうご存じかと思いますが、私の両親と弟が、神戸で被災して亡くなっているんですよ」

「ええ、それは河原さんからお聞きしています」

「私だけが生き残り、ずいぶん悲しくて悔しい思いをしました」

聡史は、最初、自分も死のうと思ったという。児童養護施設の職員や仲間の温かさに触れ、次第にその思いは消えていった。だが、三〇年近く経った今も、得体の知れない胸のつかえが残っている。

「最大の防災は、地域住民が日頃からつながっていることなんですよ」

坂下は、阪神淡路大震災でも東日本大震災でも熊本地震でも、そして二〇二四年元日の能登半島地震でも、住民同士の助け合いで多くの命が救われていることを説明した。

「桜台のアパートは、住民のつながりが薄くて、実は三月に、一人暮らしのお年寄りが亡くなって一〇日後に発見されるという孤独死がありましてね」

「そうだったんですか。今回、タオの悲鳴や尚哉の泣き声が響きわたっても、誰も何にも言ってくださらなかったのは、つながりが薄いということだったんですね」

「そうだと思います。それで、松場さんには、自主防災会の一員として、日頃やっている公園の清掃ももちろんなんですが、アパートの住民をつなぐ役割を担っていただけないかと思っています」

「なるほどよくわかりました。再就職もしましたので、公園の清掃は基本的に土日しか参加できませんが、それでもよろしければやらせていただきます。なあタオ」

「モチロンデス。ジブンタチノイノチ　ジブンタチデマモリマス」

たどたどしい日本語でタオも応えた。

「ありがとうございます」

坂下は、詳しい話は後日するとし、とりあえず自主防災会の活動予定表を手渡した。

地域に根ざした自主防災活動

阪神淡路大震災直後、坂下は、ちょうど東四丁目の町会長がまわってくるタイミングで、自主防災会の設立に携わった。先進地の自主防災組織を参考に「桜台地域防災計画案」をつくりはじめた。市の消防本部に相談すると、自主防災組織は長期にわたり継続し成長していくことが最も大切であること、そのためには自治会組織の延長ではなく別組織にすること、自分たちが住む街は自分たちで守るという強い意志をもち、自主的自発的に日頃から地域に根差した活動をすること、といった助言を受けた。設立後、日常的に、住民の避難場所である七か所の公園の清掃を行っている。

「西三丁目の松場さんご夫妻です」

避難防災訓練の主たる会場となる四号公園の清掃に先立ち、坂下が聡史とタオを紹介した。

「八月に引っ越してきたばかりで桜台のことはまだよくわかりませんが、よろしくお願いします」

聡史は、自分たちで地域を守ろうという坂下の話を聞いて感銘を受けたこと、自分も一緒に活動しようと思ったことを説明しあいさつした。

「ワタシ　ガンバリマス！」

タオのあいさつは短いが、今日集まった二五人もの人を前に臆することなく力強かった。

尚哉はというと、稲葉美咲と橋本日和、二人のお姉ちゃんと砂場で遊んでいる。美咲は、坂下を介して河原から依頼を受け、「日和とやります」と子守りを快く引き受けた。河原自身は、つば広帽を深々とかぶり、清掃に参加していた。

六台の草刈り機と三台のチェーンソーが軽快なエンジン音を響かせはじめた。

「松場さん、奥さん、琢磨と公園まわりの溝の掃除をお願いします」

琢磨とは、からだが大きくがっしりとした青年だ。自治会長・熊野の次男だという。髪の毛が金色で、遠目にはチャラチャラしているように見えたが、話してみると実に礼儀正しく、素直なものの言いで気持ちがいい。

タオはよく動く。聡史もタオに負けじと一生懸命だ。溝蓋《みぞぶた》は重いので琢磨と聡史がはずす。タオが竹箒《たけぼうき》で手際よく溝に落ちている木の葉を集める。琢磨と聡史が木の葉をフゴに入れ、溝蓋をはめる。次第にリズムに乗り、約半分が終わった。

坂下の号令で一斉に休憩。自主防災会の倉庫の前に集まると、クーラーボックスに入れられていたスポーツ飲料が配られた。尚哉と二人のお姉ちゃんは、相変わらず砂場で遊んでいる。

タオは、砂場に走った。

「ミサキチャン、ヒヨリチャン、アリガトウゴザイマス」

「ママー、おしっこ！」

タオは、尚哉を抱き上げ、小さなリュックを左腕に引っかけると、「オシッコ　イッテキマース」と大急ぎで隣のスーパーへ駆けていった。美咲と日和は、笑顔を見合わせた。

軽快なエンジン音が再び響きはじめ、後半戦がはじまった。コツをつかんだ聡史、タオ、そして琢磨の連携プレーはより一層効率を上げ、後半の溝掃除はあっという間に終わった。

あたりを見渡すと、いつしか草刈り機もチェーンソーも止まり、ほとんどの人は草と枝葉の回収をしている。そして、一五杯のフゴが倉庫前に並べられた。

最後の集合写真には、砂場組の三人も加わった。

「美咲ちゃんに日和ちゃん、本当にありがとうございました」と聡史が礼を言うと、「コンド、イエニ、アソビニキテクダサイ」とタオ。

「はい、ぜひ行かせてもらいます」

聡史に肩車をしてもらって帰る尚哉は、二人のお姉ちゃんにいつまでも手を振っていた。

モデル的な個別避難計画の作成

自治会からは会長の熊野文太をはじめ数人の役員、アパートがある西三丁目町会長と班長、自主防災会からは会長の坂下勝矢と西三丁目のリーダー、民生委員・児童委員会からは会長の吉坂典子と主任児童委員の河原真紀、それに今回は、市の高齢福祉課係長、市社会福祉協議会の伏尾和彦、地域包括支援センターの北峰子、介護支援専門員連絡会代表の佐久間綾子が、桜台集会所に集まっていた。

専門職と住民の連携・協働

「本来でしたら、市が主導で個別避難計画をつくらなければいけないのですが、諸事情があってなかなか実現できませんでした。しかし、桜台では、すでに独自の要支援者調査を行い、災害時支え合いマップをつくっておられます。そこで、市では、桜台の取り組みをバックアップすることを決めました。アパートの要支援者の支え合いマップを具体化し、個別避難計画を作成することで、避難訓練をモデル的に実施したいと思います」

高齢福祉課係長があいさつした。

市では、すでに数年前、避難行動要支援者名簿が作成されている。しかし、以降、内容を更新する人手もゆとりもなく、放置したままだった。また、市内には、個人情報保護に過敏なのと個別避難計画に対応できる人材不足で、名簿を受け取り避難計画を作成することに協力的な自治会がなかった。そんななか、桜台では、四月に開かれた地域ケア会議で、個別避難計画の作成と避難訓練の実施を課題として掲げていたため、市社協の伏尾と包括の北、それに自治会長の熊野が、地域主導でできないかと市と調整していたのだ。

「アパートの要支援者一五人のうち五人は、介護保険で要介護と認定されていて、介護支援専門員が平常時のケアプランをつくっています。ですから、この五人については、担当の介護支援専門員が中心になって、民生委員さんの協力を得ながら個別避難計画を立ててはどうかと思います」

参加者によるさまざまな現状報告のあと、介護支援専門員連絡会代表の佐久間が提案した。

桜台が独自で行った要支援者調査では、介護保険で要介護と認定されているかどうかは関係なく、住民自身、支援が必要だと申し出た人について要支援者とみなしていた。

「要介護と認定されていない軽度の人たちは、先々のことを考えると包括として把握したいところですので、包括がやらせていただきます。吉坂さん、協力をお願いしますね」

北のお願いに、吉坂は笑顔で応えた。

「介護保険で要介護と認定されている人については介護支援専門員が、軽度の人については包括が中心になって民生委員さんの協力を得ながら、個別避難計画を立てるということですね。避難計画ができましたら、教えてください。支援者の調整をいたします」

自主防災会会長の坂下が、民生委員会会長の吉坂と一緒に、支援者の割り振りをすることになっていた。また、車椅子など避難に必要な備品については、市社協が用意することになっていた。

「では、そのような方向性でお願いします。要支援者の個別避難計画作成と避難訓練は、市内では初めての試みだそうです。次年度以降ほかの地域でも実施できるように、桜台でモデル的にやってみることをお引き受けしましたので、みなさんご協力をよろしくお願いいたします」

最後に、自治会長として熊野が締めくくった。

住民の協力

「わかりました。協力しましょう」

「ありがとうございます。詳しくは改めて説明に参ります」

松場聡史とタオ、そして主任児童委員の河原真紀は、三人でアパートのすべての世帯を訪れ、避難訓練時の軽度の要支援者への支援をお願いしていた。タオに抱かれた尚哉の「おねがいしましゅ」の可愛いもの言いも、効果があったようだ。むげに断わる住民はいない。

例年、無関心で、避難訓練があること自体知らなかったことを装い、参加していない世帯が多かった。だが、今年に入り、能登半島で大きな地震が発生し、いまだに多くの人が避難生活を余儀なくされている現状もあり、防災意識が高まっているのだろう。ほとんどの住民は、説明すると「避難訓練には参加する」と言ってくれた。

介護保険で要介護と認定されている五人については、避難するためには車椅子が必要なため、あらかじめ車椅子操作の練習をするボランティア桜台福祉グループのメンバーが担う。そのほかの軽い支援が必要な一〇人については、アパートの住民同士の助け合いで何とかなりそうなめどが立った。当日のみ参加が可能な、熊野琢磨、稲葉美咲、橋本日和が補助的に応援することになった。

「聡史さん、タオさん、それに尚哉くんのおかげで、支援してくれる人の確保ができました。本当にありがとうございました。尚哉くん、ありがとうね」

河原が、聡史とタオ、そして尚哉には頭をなでながら礼を言う。

「いえいえ、河原さんたちの熱意にほだされたんですよ。最初は、私たち一家を助けてくれた河原さんへの感謝の気持ちから引き受けたようなところもあったんですが、今は、私自身、両親と弟の報いのためにも防災に取り組まないといけないと思うようになってきました」

「そうなんですね、それはよかったです」

「中二のときに両親と弟が亡くなって、その後、まわりの人たちの温かさで心が癒されましたが、いつまで経っても胸のつかえが残っているのです。そのつかえの正体はまだよくわからないのですが、今改めてその正体と向き合いたいなと思っています」

「じゃあ、その正体を突き止めたら、一緒にやっつけましょうね」

河原は、何だかよくわからなかったが、協力してみたくなった。

避難防災訓練の実施

「大地震が発生しました。住民のみなさまは直ちに戸締まりをし、指定された避難場所に避難してください」

午前八時三〇分、広報車が大音量で桜台をまわる。人々が、それぞれ指定された公園に続々と集まり出した。と同時に、多くの家が空っぽになるため、警察が二台のパトカーで巡回をはじめた。

避難訓練

ボランティア桜台福祉グループのメンバーは、災害対策本部に集合すると、コーポさくらんぼ班とさくら荘班に分かれ、市社会福祉協議会から借りてある車椅子をそれぞれ運び出した。

コーポさくらんぼでは、松場聡史が一軒一軒に声をかけている。八時四〇分には、熊野琢磨、稲葉美咲、橋本日和が応援に駆けつけた。美咲と日和が、尚哉の手を引き、すでに駐車場に集合していた、介添えなしで歩くことができる住民と一緒に三号公園に向かう。

聡史とタオは、協力をお願いした住民とともに、軽度の要支援者の支援に入った。ほとんどは、アパートの敷地から道路へ下りる階段で手を添える、三号公園までの坂を登る際に見守るといった程度の介添えでよかった。

もう一つのアパートさくら荘については、自主防災会のメンバーと西三丁目の町会役員が駆けつけ、軽度の要支援者の支援にあたっていた。

両アパートとも車椅子が到着すると、福祉グループのメンバーは、要介護と認定されている住民を慎重に車椅子に乗せ、家族とともに三号公園に向かった。

災害対策本部に駆けつけていた佐久間をはじめ、要介護と認定されている住民の担当介護支援専門員五人は、時間を見計らい三号公園に向かった。三号公園には、植松京介の顔も見られた。坂下から借りたヘルメットを着用している。五人の介護支援専門員は、到着すると、支援に協力してくれた人たちをねぎらい、自分が担当している要介護の住民に感想を聞いていた。

今回、桜台の五か所の公園が避難場所となっていた。それぞれの公園では、各町会各班ごとに班長による点呼が行われていた。同時に、春に行った要支援者調査の内容に変更がないかの確認、何日分の備蓄食料があるかについての新たな調査、非常持ち出しリュックを携帯しているか、ヘルメットを着用しているかのチェックもすることになっていた。

要支援者調査で、災害の際は電話での確認がほしいとしていた世帯には班長が電話をし、避難場所にこなかった世帯には、安否確認のため自治会の防犯防火委員が訪問をはじめた。

災害対策本部には、続々と各町会長から調査やチェックの結果が報告され、自主防災会の担当者が集計を進めていた。

防災訓練

集計と同時に、四号公園では後半の防災訓練がはじまっていた。防災の大切さを知るために、さまざまなコーナーが設置されている。今年は、桜小学校の児童も、桜台に住んでいる住んでいないにかかわらず参加していた。坂下勝矢の働きかけで校長が子どもたちに参加を促したのだ。小学生以下には参加賞も用意されていた。

多くの子どもたちは、スカーフを首に結び背中に垂らしている。緑と黄の二色で、四つ葉のクローバーとともに、緑には「お手伝いできます」、黄には「お手伝いしてください」とプリントしてある。すべての子どもが緑を表にしていた。これなら子どもたちに声をかけやすい。

竹ドームテントや簡易トイレ、段ボールベッドの組み立て、発電機の始動、小型ポンプ車での放水、竹と毛布の担架《たんか》づくり、新聞紙での応急処置、車椅子介助、さらには、備蓄食料の試食などさまざまな体験ができる。どのコーナーも、順番を待つ子どもたちの列ができ、保護者たちが取り囲むように眺めていた。

「松場さん、竹の端をもってくださーい！」

松場聡史が竹ドームテントの組み立てに参加すると、リーダーの指示が飛ぶ。軍手をつけた一〇人の子どもたちが、竹の端をもった松場聡史の前に竹を挟んで両側に並んだ。

「せーの、よーいしょ！」

一斉に竹を押す。聡史も子どもたちに負けず、大声を出して竹を押した。あらかじめ切り込みを入れた竹が、十文字に固定された鉄杭できれいに四分割されていく。

「よーし、次！」

リーダーの号令で二本目三本目と割っていく。これが竹ドームテントの骨組みになるのである。次に、子どもたちが一〇本の骨を星形に並べていく。聡史は、リーダーの指示で、骨が交差し合わさるところをビニールひもでしっかり固定していった。

すべての合わせ目が固定されると、星形の骨組みをドームにし、あらかじめ用意してあった、土台になる円形の骨に固定して立てる。

「松場さん、そっちの端をもってくださーい！」

仕上げは、ブルーシートをかぶせ、出入り口部分を残して円形の骨に固定していく。聡史は、リーダーの指示で子どもたちとブルーシートを丁寧にかぶせていった。

できたーっ！　リーダーが大声で叫ぶと子どもたちが歓声を上げる。

「せーの、ばんざーい！」

テントに入った一〇人の子どもたちは、リーダーの音頭で万歳をする。聡史はテントの外で万歳した。子どもたちの表情は達成感に満ちていた。

防災への使命感

聡史は、衝動に駆られ、子どもたちと一緒に次々と訓練プログラムを体験した。ふと視線を上げると、子どもたちが水消化器のホースを手に並んでいる。尚哉もいる。稲葉美咲に手を添えてもらい、放水を開始すると、火の絵が描かれたパネルが向こう側に倒れた。大きな拍手が沸いた。

「これから俺にできることか……」

誰かに考えろと言われたわけではないが、放水を見ながら聡史は考えていた。

四号公園には、膨大な数の写真が展示されている。防災活動や避難訓練に関する各地の写真だ。聡史は思い立って、写真の展示コーナーへ向かった。

短時間に次々と訓練プログラムを体験してきた。とても興味深かったが、避難防災訓練の全体が見えていなかった。写真を眺めていると、今まさに目の前で展開されている避難防災訓練全体を客観的に眺めているようだ。住民が協力している姿がよく見える。聡史は、坂下の「最大の防災は、地域住民が日頃からつながっていることなんですよ」という言葉を思い出した。

聡史は高台に登り、改めて四号公園を見渡した。空が高く澄みわたっている。ゼッケンをつけているのが主催者である自主防災会のメンバーと自治会の役員だ。要所要所に配置されている。

どのプログラムも最前線に子どもたちがいる。各リーダーは、子どもたちに問いかけ、考えさせている。大人たちは、その様子を眺めている。リーダーを中心にまるで一体化していた。

「これか」

聡史は、今日の衝動をあと押ししている何かが見えたような気がした。

「松場さん、何が見えますか？」

いつの間にか坂下が横に立っていた。そのうしろに河原もいる。

「私の気持ちが見えます」

「松場さんの気持ち？」

「はい。両親と弟を亡くして三〇年近くになります。年月が経つにしたがって、悲しみや悔しさがどんどん心の奥に押し込まれていきました。今や、その形はほとんど見えません。でも、体内にある異物のように、胸の中につかえが残っているのがよくわかります。悲しみや悔しさを処理し切れていなかったからだと思います。今日たくさんの訓練プログラムを体験して写真を見て、こうして高台から実際の避難防災訓練を眺めると、それがはっきりわかりました。つかえの正体がわかったような気がしますので、これからそいつをやっつけたいと思います」

「どうやって？」

「納得できるまで防災に取り組みます。両親と弟に、俺はしっかり防災に取り組んでるぞと言えるように。それが残された私の使命です。坂下さんは、最大の防災は住民がつながることだと教えてくださいました。まずは桜台のことをよく知って、自主防災会の一員として住民をつなぎます」

「いろいろ考えられたんですね。松場さん、ありがとうございます」

坂下が言うと、河原は小さな笑みを浮かべている。

「いやいや、お礼を言わないといけないのは私のほうです。ありがとうございます」

坂下を呼ぶ声が聞こえる。そろそろ避難防災訓練は終わるようだ。聡史は、河原とともに坂下を追うように高台を下りていった。

「朝一番に行いました避難訓練には、約七二％の一二九〇世帯から一六五八人が参加されました。昨年度より大幅に増えています。夏祭り以降、住民の一体感が増したことが大きな要因ではないかと私は分析しています。自分たちの地域は自分たちで守る。そのためには、日頃からの住民のつながりがとても大切になります。何か活動に参加しないといけないのかというと、そういうことではなく、どうぞみなさま、日々ご近所同士であいさつを交わし、お互い気にかけ合って、何かがあれば支え合って助け合って、ここ桜台で一緒に暮らしていきましょう」

災害対策本部長である自治会長の熊野が力強く終わりを告げた。

大きな拍手が沸き起こった。朝早くから駆けつけていた地域包括支援センターの北と五人の介護支援専門員、それにいつきたのか、高齢福祉課係長、市社会福祉協議会の伏尾も拍手を送っていた。三々五々帰宅する住民。だが、自主防災会と自治会役員の面々が片づけをはじめると、多くの住民が引き返し手伝いはじめた。


「ただいま」

片づけを終えた聡史が帰宅した。

「オカエリナサーイ」

キッチンからタオの声が聞こえる。

「パパーッ」

参加賞としてもらったヘッドライトをつけた尚哉が走り出てきた。聡史は、尚哉を天井近くまで抱え上げると、どすんと胸のあたりで受け止め、ぎゅっと抱きしめながらリビングに入ってきた。リビングには、尚哉が大好きなカレーライスの匂いが立ちこめていた。

コラム④　何気ない一言に加える工夫

普段の会話に何気ない一言を加える工夫をするだけで、近隣の人々とつながり、より親しくなるきっかけができます。

出会いの一言に新しさを込める

これは承認といって、相手の存在を認めることにつながります。

①変化に気づいている……「おはようございます。髪の毛を切ったんですね」

②行動に注目している……「こんにちは。車を洗われたんですね」

③好きなものを覚えている……「おはようございます。昨日タイガースが勝ちましたね」

正直に自分の気持ちを話す

人が人に対して防衛を解くのは、相手の気持ちに触れたとき。相手の言葉を聞いて、プラスの気持ちを素直に伝えてみます。そのことで私の気持ちは相手の心の中にすんなり入ります。

「いいですねえ、私まで嬉しくなります」

「○○さんの話を聞いて、私はとても安心しました」

「○○さんが頑張っている姿を見ると、私もやる気が出ます」

解説

誰一人取り残さない防災

「自分たちの地域は自分たちで守る。そのためには、日頃からの住民のつながりがとても大切になります。何か活動に参加しないといけないのかというと、そういうことではなく、どうぞみなさま、日々ご近所同士であいさつを交わし、お互い気にかけ合って、何かがあれば支え合って助け合って、ここ桜台で一緒に暮らして行きましょう」

災害対策本部長である自治会長・熊野さんの最後のあいさつには、とても重要な意味が込められています。「自分たちの地域は自分たちで守る」という意識があれば、自ずと日々近所の人たちがあいさつを交わし、お互い気にかけ合い、さらには何かがあれば支え合い助け合うという住民の関係が生まれてくるはずです。このことは、「誰一人取り残さない防災」につながる意識だといえるでしょう。ただし、そうした意識を醸成するためには、意図的な取り組みが必要なのです。

＊1　2013年の災害対策基本法の改正で、災害発生時に自ら避難することが困難な者であって、その円滑かつ迅速な避難の確保を図るため特に支援を要する者について「避難行動要支援者」と規定された。

避難行動要支援者名簿の活用

大きな災害が起こるたびに、災害対策基本法の見直しや新たな取り組みが行われてきました。公助（国や自治体による対策）の限界をはるかに超える事態が発生し、自助（自分自身や家族での対策）や共助（近隣や地域での対策）による地域での避難支援活動の大切さが問われています。

二〇一三年に改正された災害対策基本法により、避難行動要支援者名簿[*1]（以下、名簿という）の整備が市町村に義務づけられました。名簿に含まれる情報は、平常時において、本人が同意をした場合など一定の条件のもと[*2]、地域の民生委員・児童委員、自治会や自主防災組織など避難支援に関わる関係者に事前提供することが求められています。また、災害発生時においては、本人の同意がなくとも外部提供することができることも規定されています。

名簿の外部提供には、民生委員、自治会、自主防災組織、支援者になる一般の住民が、平常時から避難行動要支援者（以下、要支援者という）と顔の見える関係をつくるきっかけやツールになるという意味合いもあります。このことは、防災に直接関係なくても、要支援者が地域で孤立することを防ぎ、要支援者自身が地域に溶け込むことができる地域づくりにもつながるのです。

災害によって、大きな被害を受けるのは、高齢者や障害者といった要支援者が圧倒的に多いことは、もはや既成事実となりました。要支援者は、日常生活でも何らかの医療や福祉のニーズを抱えている場合が多いので、災害時のみの対策ではなく、地域で日頃から把握しておく必要があります。そのためには、災害時のみならず、さまざまな地域行事への参加の呼びかけや声かけ、見守りを日

＊2　名簿を事前に外部提供する類型は3パターンある。①本人が同意した場合（積極的な同意がある場合と消極的な不同意がない場合を含む）、②市町村の条例で外部利用を認めた場合、③市町村が設置した個人情報保護審査会で外部利用を認める議決をした場合。

常的に行うことが大切になるのです。

しかし、名簿そのものがまさしく個人情報であるために、外部提供にあたっては、十分な配慮が必要になります。一方で、孤独死の防止や災害時の支援につながる顔の見える関係づくりには、個人情報の共有が不可欠であり、個人情報の保護と活用のバランスをどこに落とし込むかといった課題が生じてきます。現にいくつかの調査で明らかなように、個人情報を提供する市町村側にも、提供される地域側にも、「個人情報保護」についての過剰な意識という壁があることが報告されています。* さらに、「誰一人取り残さない防災」のためには、すべての要支援者の名簿を提供する必要がありますが、膨大な量の名簿を提供することは、地域の大きな負担にもつながります。

個別避難計画の作成

二〇二一年に改正された災害対策基本法では、要支援者の個別避難計画を市町村が作成することについて努力義務化されました。

個別避難計画とは、要支援者が「いつ、どこへ、誰と一緒に、どうやって逃げるか」といったことを具体的に決める計画です。多くの市町村がマニュアル等を作成していますが、おおむね図4-1のような流れになっています。

ところが、いくつかの問題が多くの市町村でクローズアップされています。まず、支援者の確保が難しいということです。少子高齢化や人口減少の波で、一部の市町村、一部の地域を除いて避難

＊高橋和行「福祉と防災の連携を中心とした避難行動要支援者施策に関する研究」『早稲田大学審査学位論文　博士（人間科学）』2020年では、いくつかの調査をもとに、「個人情報保護」に関する市町村と地域住民の意識について考察している。

誘導する支援者も高齢化しています。また、市町村の悩みとして、次のことが挙げられています。*

①要支援者名簿を毎年見直さなければいけない

要介護度の区分変更、住所変更、在宅から施設への入所、入院、死亡等を把握し、名簿を更新することの必要性はわかっていても、多くの市町村では人手不足でなかなか着手することができないのが現状です。

②名簿の事前提供について要支援者に同意してもらえない

平常時の地域住民の密接なつながりや安心感がなければ、デリケートな個人情報の開示に本人の同意は得られないでしょう。市町村の条例制定、個人情報保護審査会の議決により、同意がなくても事前提供できますが、可能な限り同意を得たいものです。

図4-1　個別避難計画作成の流れ

①自治体による避難行動要支援者名簿の作成

↓

②自治体による要支援者本人に対する「名簿の登録」と「支援者への情報公開」の同意の確認

↓

③自治体による地域の自治会や民生委員、福祉関係者への情報の提供

↓

④自治体、支援者、要支援者の話し合いによる計画作成

↓

⑤それぞれが計画書を管理、災害への備え

*「みんなが助かるための個別支援計画」『明日を守るナビ』NHK総合テレビ、2022年6月12日の内容をもとに制作したWeb記事。

③行政主導について地域の理解が得られない

祭りなどのイベントや日常的な交流で、地域住民がすでにつながり、顔の見える関係性であるならば行政に協力しようということになりますが、現状は、なかなかそうはいかない地域が多いのです。

縦割り制度の弊害

さらに、制度そのものにも大きな問題が残されています。第一話の解説で、多様で複合的な問題、制度の狭間に置かれた人や問題に、「縦割り」の制度では対応できないことを示しました。同じことが防災にもいえるのです。

日本では、たとえば、介護保険制度のように、高齢で介護が必要になっても在宅で暮らすことができる仕組みが整いました。担当介護支援専門員は、在宅生活に必要なさまざまな社会資源を組み合わせ、当事者と結びつける「ケアプラン」という個別支援計画を立てます。しかし、それは平常時のことなのです。災害時にどうしたらいいかということは、ケアプランには組み込まれていません。暮らしを支えるわけですから、本来、平常時と災害時は連続していると捉える必要があるでしょう。ですから、災害時もいかに支援を継続させるかということが問われるのです。

しかし、現行では、福祉は福祉部局、防災は防災部局（危機管理部局）という、ここでも縦割りによって、暮らしを分断する仕組みができあがっています。こうした縦割りを続けたままでは、地

＊1　BCP（Business Continuity Plan）とは、自然災害やテロ・事故・感染症などにより大きな被害が生じた場合も重要な事業を中断させず、万一中断した場合にもできる限り早期に復旧させるための業務継続計画を意味している。2021年4月の介護報酬改定により、2024年4月を期限に義務化されたが、基本報酬の減算について、一年間の経過措置がとられた。

域共生社会へと歩むことは困難でしょう。

この問題を根本的に解決するためには、平常時と災害時の取り組みを分断するのではなく、ひと続きになるように連結することしかありません。そのためには、福祉と防災が連携・協働する必要があるのです。

二〇二四年四月を期限として、介護事業所における事業継続計画（ＢＣＰ）[*1]の策定が義務づけられました。義務化されましたが、ノウハウやスキルがないにもかかわらず、おおもとの制度が分断されているなか、いかに地域の組織や住民、ほかの施設や事業所などとつながり、現実的な計画を策定するかが問われることになります。

防災のためのソーシャルワーク

市町村では、地域との連携・協働を進め、さまざまな施策を立案、実施していますが、従来から、分野間で連携・協働した取り組みを志向することはあまりなく、個々の分野の施策やそれに関連したイベントを乱発しがちでした。地域での少子高齢化、人口減少だけではなく、市町村自治体内部でも、地域の課題が増加する反面、職員数の減少が深刻になっています。こうした現状を考えると、市町村も縦割りの対応ではなく、分野の枠を超えた相互の連携により、地域課題に対応していくほうが効率的でしょう。[*2]そして、それは、誰一人取り残さない防災のためのソーシャルワークにとっ

＊2　高橋和行「福祉と防災の連携を中心とした避難行動要支援者施策に関する研究」『早稲田大学審査学位論文　博士（人間科学）』2020年、p.130

ても不可欠なことなのです。

地域レベルでの福祉と防災の連携・協働

桜台では、要支援者の個別避難計画を作成し、避難訓練を実施するために、市社会福祉協議会の伏尾さん、地域包括支援センターの北さんという福祉の専門職が、市の高齢福祉課（福祉部局）と地域とを結びつける役割を果たしました。そして、物語では、避難行動要支援者名簿を福祉部局、防災部局（危機管理部局）のどちらが管理しているかは描かれていませんが、桜台では、住民本人が支援を必要としていると申し出た場合、「要支援者」として独自に名簿を作成していたので、市がそこに便乗した形になりました。

また、桜台では、熊野さんは自治会長、坂下さんは自主防災会会長などと、役割分担はしているものの、福祉や防災といった線引きをせずに、さまざま分野の活動や会合に参加しています。多くの地域でも、同一人物がさまざまな分野の会合に参加しているといった現状があるでしょう。担い手不足という地域の実情があることは確かですが、そのことが結果的に功を奏し、地域レベルでは、縦割りはないのです。

このような地域（メゾレベル）での取り組みを、福祉の専門職が促し、支え、市町村につなぐことというソーシャルワークを展開させた結果、あと押しをするように、福祉部局と防災部局（危機管理部局）が連携・協働するといった市町村（マクロレベル）での取り組みに広がる可能性が出てきます。

先進地の「防災のためのソーシャルワーク」

多くの市町村で、個別避難計画を作成する深刻な課題を抱え、取り組みが進まないのですが、大分県別府市は、平常時の福祉と災害時に向けた防災の取り組みを連結させる事業を行っています。市が主導で、福祉の専門職と連携・協働しながら取り組むこの事業は、「インクルーシブ防災」と名づけられています。インクルーシブとは、「包括的な」「排除しない」ということを意味しています。つまり「誰一人取り残さない防災」ということになります。それは、市町村の力だけでも、専門職の力だけでも、地域住民の力だけでもかないません。三者がしっかり意思疎通を図り、連携・協働することで初めて実現するのです。この取り組みは、「防災のためのソーシャルワーク」といっていいでしょう。

別府モデルと呼ばれる「災害時ケアプラン　活動ステップ」は、表4-1のとおりです。

表4-1　別府市における災害時ケアプラン　活動ステップ

ステップ0　地域におけるハザード状況の確認 当事者が住んでいる場所は、どのような被害を受ける可能性があるのか。それをもとに避難するべきかどうかを確認する。災害の種類によって違う、また、災害時どこにいるかによって行動が変化することを当事者に理解してもらう。

ステップ１　当事者力アセスメント

平常時に利用するサービスや資源を確認し、当事者のリスク理解、備えの自覚、行動の自信についての現状を共有し、必要なものを早めに準備してもらう。

※アセスメント……課題を分析すること。当事者の状態や生活環境などの情報を集め、総合的に分析し、当事者が抱えている課題を明確にする。

ステップ２　私のタイムライン作成

予報によって事前に危険な日を予測するとともに、気象庁や市町村が発表する警戒レベルの段階に応じて自分が行う行動を事前にまとめておき、警戒レベル３の時点で避難できる準備をする計画を立てる。

※警戒レベル１……心構えを高める（気象庁が発表）
警戒レベル２……避難行動を確認する（気象庁が発表）
警戒レベル３……避難に時間を要する人は避難する（市町村が発令）
警戒レベル４……全員が安全な場所へ避難する（市町村が発令）
警戒レベル５……すでに災害が発生、または切迫している（市町村が発令）

ステップ３　地域力アセスメント

行政機関、利用している事業所、病院、施設などのフォーマルな資源、自治会、民生委員、ボランティア団体、当事者団体、老人クラブ、個人などのインフォーマルな資源の存在と活動を調べておく。

ステップ４　災害時ケアプラン（地域のタイムライン調整会議）

当事者と福祉専門職が、地域に手伝ってほしい内容を伝える。それに対して地域からの質問や意見をもらい、支援内容を話し合うとともに、警戒レベルに合わせた地域のタイムラインを協議する。また、避難行動要支援者に対して、地域はどのようなアクションをいつ起こすのかを決めておく。

ステップ5　私と地域のタイムラインを含むプラン案作成

当事者と家族の自助では不可能な場合、利用している事業所や自治会、ボランティア団体、近隣住民、病院、施設、企業等に依頼・確認し、プラン案を作成する。

ステップ6　当事者によるプランの確認

プラン案の内容を当事者に確認し確認書にサインをもらう。これまで確認した当事者の災害への備えや地域の人に支援してもらいたい内容などの個人情報、被害に遭う可能性のある災害の種類などを、地域の方と共有する同意書にもなっている。

ステップ7　プラン検証・改善

避難訓練で実践してみて、確実に避難移動できるかの検証をする。

出典：村野淳子「別府市における〝誰ひとり取り残さない〟インクルーシブ防災事業——命と暮らしを守る仕組みづくり」『消防防災の科学』第145号、一般財団法人消防防災科学センター、2021、p.30（筆者により要約）

ステップ2やステップ3では、高齢者の場合は担当の介護支援専門員、障害者の場合は相談支援専門員という福祉専門職が網羅的に調査するとされています。ただし、ここで注目すべきは、福祉専門職は地域の実情に詳しくない場合があるので、防災危機管理課の防災推進専門員がコミュニティ・ソーシャルワーカーの役割を担い、当事者、福祉専門職、支援できる地域の人や組織（自治会・自主防災組織）を結びつける役割を担っているということです。

また、ステップ5では、自治会役員や近隣住民と当事者を媒介するインクルージョン・マネジャーを置くことが重要とされています。さらにその下に、インクルージョン・エリアマネジャーが置かれています。別府市では、その肩書きをもった市の職員がいますが、別府モデルを参考に災害時ケアプランを作成する場合、インクルージョン・マネジャーをどのような立場・役割・専門性の人に委ねるかということが重要になります。それは、各市町村でそれぞれの地域の現状に即した形で柔軟に考える必要があるでしょう。

別府モデルの要点を四つに整理すると、表4-2のようになります。また、四つの要点は、それがそのまま、図4-2のように一連の作業を繰り返す四つの段階となります。*

表4-2　別府市における災害時ケアプラン　活動ステップの要点

①要支援者、支援者の防災リテラシー

支援される側も支援する側も、降りかかってくる可能性のある災害がどのようなものであるか、ハザードマップを読み解き、リスクの確認・理解しておく必要がある。

※防災リテラシー……防災に関する情報の活用、防災情報を運用するために基礎となる力。災害情報を読み解き、行動に移す事を可能にする力。

②災害に対応したタイムラインの策定

災害を引き起こす現象や警報などの時間的な推移に伴う行動の手順をあらかじめ定めておく。要支援者はもちろんのこと、支援者のタイムラインも決めておく必要がある。

③要支援者や支援者を含む関係者による調整会議の開催

個別避難計画の詳細について調整する必要がある。ここには、市の防災部局・福祉部局の職員、社会

＊立木茂雄監修「ひとりも取り残さないために——インクルーシブ防災」NHK厚生文化事業団福祉ビデオライブラリー、2021年。加藤照之「災害時における避難行動要支援者の個別避難計画推進にあたっての課題」『紀要「地域構想」』第5号、大正大学地域構想研究所、2023年、p.96〜97

福祉協議会、地域包括支援センター、介護支援専門員、相談支援専門員などの福祉専門職、自治会・自主防災組織・民生委員などの地域住民も入ることが考えられる。要支援者を取り巻く避難に際して必要な関係者の意識合わせをしておく必要がある。

④避難訓練による個別避難計画が実行可能であるかの検証と見直し

実際に避難訓練をすることによって、実行可能かを検証するとともに、訓練をして初めて出てくる課題について検討し、その反省に立って、個別避難計画をバージョンアップすることが重要である。

二〇一三年、災害対策基本法によって名簿の作成が義務化されましたが、別府市では、二〇一七年に一四五の自治会、自主防災組織すべてに配布を完了したといいます。民生委員・児童委員には、担当する区域の名簿を配布していました。障害者団体やＮＰＯなどの当事者団体には、名簿そのものは提供していませんが、障害者が集まる「障害者安心ネットワーク」が組織されていて、市の取り組みは認識されています。「障害者安心ネットワーク」は、災害時の安否確認の担い手になり、平常時には自分たちの身を

図4-2　別府市における災害時ケアプラン活動ステップ　繰り返される四つの段階

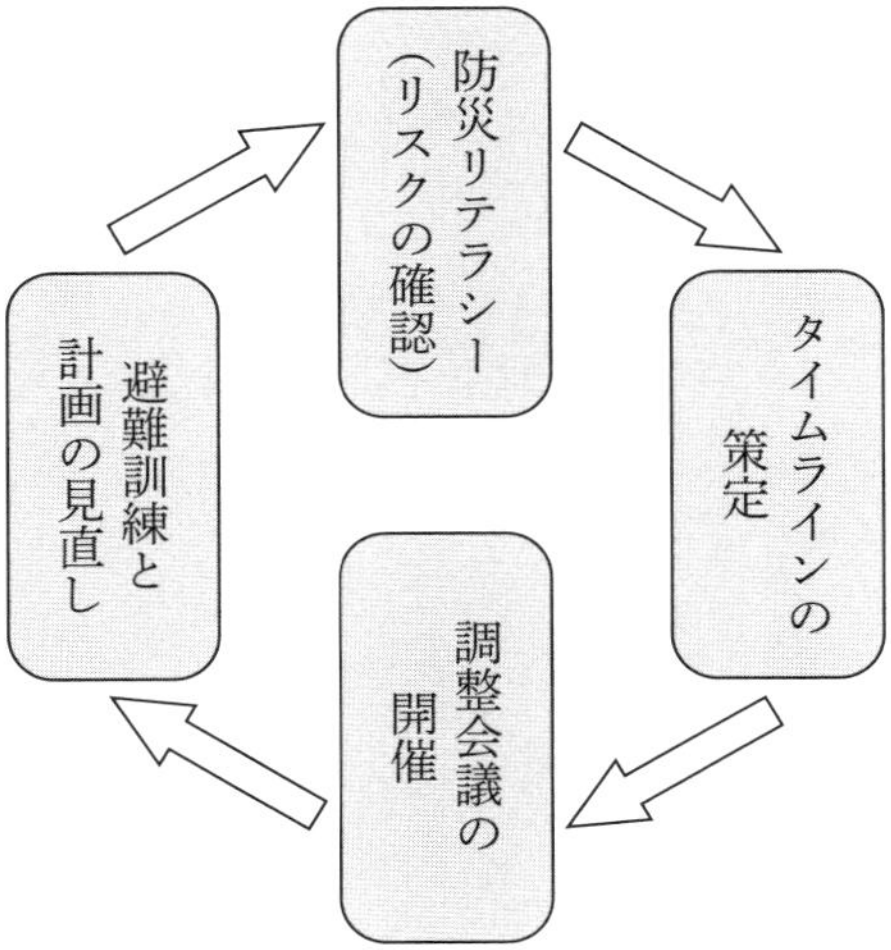

守るための知恵の共有や訓練が行われるなど、地域共生の取り組みが進んでいるようです。[*1]

「当事者力」と「地域力」の向上

別府市でも、当初は「高齢で多忙な自治会役員や民生委員にこれ以上仕事を押しけてもらっては困る」という声があったそうです。地域の切実な声でしょう。どのような支援を求められるかわからず、漠然とではありますが「それは難しい」と思っている人が多かったのだと思われます。しかし、いざ調整会議を実施してみると、さまざまな地域の知恵が出てきたそうです。そして、「(個別避難計画に携わる関係者の)やり取りを体験した当事者は、自分の支援を一生懸命考えてくれていることに驚きと喜びを感じたのだと思います」と別府市の担当者は述べています。[*2]

また、障害をもった要支援者から、「地域と交流をもったことがなかったが、自分や自分の障害を知ってもらい、快く迎えてくれたことでとても安心できた」といった感想を寄せられているということです。[*3]

これらの報告によると、個別避難計画の策定は、要支援者である当事者自身、平常時の生活の中で備えなければいけないこと、災害が発生したときに困ることを具体的に想像し、対策を検討するといった「当事者力」を向上させることにつながったのではないかと思われます。さらに、地域にはこういった支援を必要としている人がいるということを住民が知り、快く受け容れ、必要な支援を一緒に考える「地域力」の向上にもつながったのではないかと思われます。

＊1　高橋和行「福祉と防災の連携を中心とした避難行動要支援者施策に関する研究」『早稲田大学審査学位論文　博士（人間科学）』2020年、p.109〜110

＊2　村野淳子「別府市における〝誰ひとり取り残さない〟インクルーシブ防災事業——命と暮らしを守る仕組みづくり」『消防防災の科学』第145号、一般財団法人消防防災科学センター、2021年、p.31

別府市では、障害をもった車椅子の当事者が、相談支援専門員という福祉専門職として、精神障害をもつ当事者の個別避難計画の作成を担当しているケースもあるといいます。そもそも要支援者（受け手）である人が支援者（支え手）の役割も担っているのです。

別府市の取り組みにより、個別避難計画を作成し、避難訓練を実施するプロセスにおいて、今まで交流のなかった要支援者と地域住民が関係性を深めていくことで、要支援者の地域への「参加」を促すことになり、それが「地域づくり」にもつながるということが明らかになりました。これは、第三話の解説で示した包括的な支援体制に必要な要素なのです。

個別避難計画は、個々の要支援者の計画ではありますが、地域をつなぐ計画でもあります。そして、そのことによって培われる防災力は、「共助（近隣や地域での対策）」の力となり、地域共生社会へと歩む原動力となるのです。

地域における人材の確保

桜台では、阪神淡路大震災で両親と弟を亡くした松場聡史さんが、リストラ、子どもや妻への虐待、子どもの一時保護、専門機関の支援や主任児童委員である河原さんの支えによる立ち直り、自主防災会会長である坂下さんの自主防災会への誘い、自主防災活動、避難防災訓練への参加などの一連の流れで、防災活動への使命感を高めていきました。

どの地域にも、聡史さんとは背景や事情が違っても、大きな災害が相次いでいるこのご時世です

＊3　高橋和行「福祉と防災の連携を中心とした避難行動要支援者施策に関する研究」『早稲田大学審査学位論文　博士（人間科学）』2020年、p.112

から、防災への動機づけが高い人、いざというときはもちろんのこと、機会があれば平常時の防災活動にも参加したいと思っている人はいるはずです。

また、熊野琢磨くん、稲葉美咲さん、橋本日和さんのように、大学生や中学生など若い世代でも、日頃のボランティア活動に参加することで自分の存在意義を見出すことができると、当然、防災活動にも携わってくれるでしょう。

そういった人材を掘り起こし、確保するためには、福祉、防災といった分野を問わない日常的な地域活動により、顔の見える住民のゆるやかなつながりを構築することが必要なのです。

福祉と防災の一体化から生まれる地域共生社会への歩み

「誰一人取り残さない防災」を実現するために、要支援者の事前把握や個別避難計画を策定する必要がありました。そのためには、行政、福祉専門職、地域（民生委員、自治会、自主防災組織などのボランティア）、そして、要支援者である当事者の連携・協働が大切であることは、今まで示してきたとおりです。

もう、「福祉だ」「防災だ」という切り分けはやめるべきでしょう。地域では、同一人物が、福祉も防災も関係なく活動しています。福祉専門職は、それを支え、促し、行政につなぎ、行政は、福祉や防災（危機管理）といった部局の枠から出てきて、平常時も災害時も一連の流れとしての暮らしを支える連携・協働をすることが大切なのです。

そのことによって、平常時のケアプランなどの個別支援計画と災害時の個別避難計画が連結できる可能性が広がります。

今、地域住民の防災意識は高まっています。ですから、地域で活動している人たちも、福祉を含む専門職も行政も、地域共生社会への歩みのために、防災を切り口にすることはたいへん効果的だと思われます。避難行動要支援者名簿、個別避難計画、避難訓練に向けた準備、避難訓練は、そのためのツールになるのです。

平常時の「防災のためのソーシャルワーク」

たび重なる大きな災害により、災害時支援についてのノウハウが蓄積されてきました。社会福祉士を養成するテキストなどにも、「災害ソーシャルワーク」「災害時の総合的包括的な支援体制」などという項目がありますし、そうした書名の本が出版されるようにもなりました。災害時の日々刻々と変化する状況の見極めと対応、生活再建のための長期にわたるソーシャルワークは、今現在も多くの被災地で展開されています。

しかし、平常時に行う「防災のためのソーシャルワーク」については、個別避難計画の作成がそうだったように、多くの地域では未知の世界といってもいいでしょう。

平常時から「防災のためのソーシャルワーク」が、従来のソーシャルワークの一環として実践されることで、災害時などいざというときに、より効果的な支援の展開につながることが予想できます。確かに、災害によって、ソーシャルワークに取り組んできた専門職はじめ関係者自身も被災し、個人が取り組むソーシャルワークはそこで断絶する可能性があります。しかし、「防災のためのソーシャルワーク」によって積み上げてきた地域住民のつながり、専門機関のノウハウ、行政がつくった仕組みなどは、必ず被災後にも活かされるはずなのです。

第四話のポイント

誰一人取り残さない防災

- 避難行動要支援者名簿を活用しないと要支援者が取り残される
- 平常時の地域住民の密接なつながりや安心感があれば、当事者に個人情報の事前提供に同意してもらえる可能性が広がる
- 個人情報の事前提供があれば、個別避難計画の作成が可能になる

個別避難計画の作成

- 市町村、福祉専門職、地域住民の連携・協働により個別避難計画を作成する
- 個別避難計画の作成、避難訓練の実施は、当事者力と地域力を向上させ、包括的な支援体制がめざす、当事者の「参加」と「地域づくり」につながる

福祉と防災の連携・協働のために

- 地域レベルでは、同一人物が、福祉や防災といった分野に関係なく活動している
- 福祉専門職は、地域活動を促し、支え、行政と橋渡しするソーシャルワークを実践する
- 行政は、福祉や防災といった縦割り部局の枠から出て、地域や福祉専門職の動きを包み込む仕組みをつくる

防災のためのソーシャルワーク

- 平常時の「防災のためのソーシャルワーク」の実践が、被災後のソーシャルワークにも活かされる

第五話　地域共生社会へと歩む展望と課題

ボランティア活動の広がり

「こんにちは！」

「んっ？」

すれ違いざま、下校途中の小学生からのあいさつ。植松京介は、一瞬何が何だかわからなかった。

それで「こんにちは」を返し損ねた。

角を曲がると、またやってきた。

「こんにちは！」

「……こんにちは」

二秒ほど遅れたが今度は返せた。だが、小学生ほど声に張りがない。顔もこわばったままだ。

桜小学校の子どもたちは、知らない人にあいさつをするのか。

植松は、夕方、散歩をするようになった。今日は少し早い時間に散歩をしていて、ちょうど小学生の下校時間にあたったのだ。

またやってきた。今度は、遅れない、張りのある声で、にっこりするようにと心の中で三度唱え、「こんにちは！」

同時だった。声に張りがあった。にっこりできた。

小学生のあいさつ

妻の良子が亡くなって一年三か月。植松は、ようやくひきこもりから自らを解放し、明るいうちに一人で住宅地内を散歩できるようになった。ほぼ毎週、作戦会議という名の飲み会を開いてくれる熊野文太や坂下勝矢、それに、ときどき差し入れをもってきてくれる熊野の妻佐知と、河原真紀のおかげだ。四人の支えに、植松は心底感謝していた。

しかし、植松には、思い起こしても住宅地内で小学生に出会った記憶がない。退職してからは、ひきこもっていたが、現役の頃はどうしていたのか。休日は家にいる日も多かったように思うが、どうも思い出せない。それだけ家のことや地域のことに関心がなかったということなのか。そう考えるとつくづく自分が嫌になるが、ここのところは、散歩ができるぐらい前向きになっている。今の植松にとって、小学生のあいさつは新鮮で魅力的だった。

子どもの防犯の合い言葉には、「知らない人にはついて行かない」「車に乗らない」とあるが、転じて「知らない人とはしゃべってはいけない」となっている向きがある。だが一方で、怪しい人と出くわすと、「大きな声を出す」「誰かに知らせる」というのも合い言葉だ。善良なおじさんなのに日頃からしゃべってもらえない。だが、いざというときは助けに行かなくてはいけない。

坂下勝矢に聞くと、桜小学校の子どもたちは、以前から習慣として知らない人にもあいさつするらしい。上級生から下級生に引き継がれているという。子どもたちが、自ら知らないおじさんにあいさつをしてくれると、おじさんは嬉しくなる。すると、おじさんは全力で子どもたちを守りたくなる。こうした連鎖が、子どもたちにとって怪しくないおじさんを増やすことになる。それが、地域での世代を超えたコミュニケーションを活発にする。小学生にできる地域共生社会への歩みだ。

植松は、小学生のあいさつと出会ってからそんなことを考えていた。要するに、また下校の時間に合わせて散歩をしてみたくなったのだ。

里山クラブの始動

小学生への教育支援

安心・安全ネットワークが再編されて一年が経った。徐々に軌道に乗ってきたことから、熊野と坂下は、桜小学校、東中学校それぞれの校長、教頭と調整し、任意のボランティア団体「里山クラブ」を立ち上げた。桜台周辺の自然環境保護をとおして地域の活性化を図ろうとするものだ。まずは、桜小学校と東中学校の環境整備と、特に桜小学校では、畑での野菜づくりをとおした自然と親しむ教育を支援することから活動をはじめることにした。

里山クラブは、さしずめ桜小学校と東中学校の応援団といったところだ。代表には、自主防災会の副会長である堂上が就いた。自主防災会の会長であり安心・安全ネットワークの調整役である坂下は副代表、自治会長の熊野は、もちろん協力はするがメンバーとして名前は連ねていない。

「キャーッ、何これ？　気持ちわるーい、こわーい」

「何だ、ミミズじゃないか。ミミズは、畑の土をつくってくれるから、悪者じゃないんだぞ」

拓真は、ひときわ声が大きいので、みんなによく聞こえる。子どもたちは安心した様子だ。

「拓真くん、よく知ってるなあ」

熊野は、サツマイモの苗を植える小さな穴を掘っていた手を止めた。

「サツマイモの苗は、横向きに寝かせて植えるとイモがいっぱいできるんだ」

岡田拓真は、この春二年生になった。入学式の日に熊野と出会って一年、何かにつけ「クマのおじさん」と親しげに話しかけてくれる。

拓真は、畑仕事になるとがぜん張り切る。日曜日は、いつも父親と畑に出かけているという。

「おじさんは、何も教えることないなあ」

指導役の坂下もタジタジだ。

「クマのおじさんが小さい穴を掘ってくれたから、そこに水を入れます。そうしたら、水と土を指でくちゃくちゃっと混ぜて、サツマイモの苗を横向きに寝かせて植えます」

「こうするんだ」と、拓真が、坂下の説明どおりやって見せた。

「おお、すごーい！」

坂下が拍手をすると、熊野も堂上も拍手をする。ほかの子どもたちも拓真にならって苗を植え、仕上げに藁《わら》をかぶせると、二年生のサツマイモの畦《うね》はできあがった。

「これから毎日、朝と夕方、おじさんたちが交代で水をやりにきます。そうしたら秋にはサツマイモがいっぱいできるので、また一緒にイモ掘りをしたいと思いまーす」

坂下が今後の予定を説明すると、子どもたちから歓声が上がった。

中学校の清掃

「これはなかなか手強いぞ」

グラウンドを眺めた堂上は眉間にしわを寄せた。

「そうだろ。何せ広いしなあ。やりがいがあるぞ」

昨日、下見をしていた坂下は張り切っている。

東中学校は敷地が広い。グラウンドのフェンス沿いや中庭は、大人の腰の高さほども草が伸びている。日曜日なので、熊野琢磨と稲葉美咲も参加していた。橋本日和は、遠方の母親の里まで墓参りに行くということで参加できなかった。

琢磨は大学四年生に、美咲と日和は中学三年生になった。就職活動や受験勉強で忙しくなるはずだが、美咲や日和については、親がボランティア活動は大切だということで参加をすすめていた。琢磨は、自分の意志で参加していた。

松場聡史の顔も見える。昨年一一月に行われた避難防災訓練以降、自主防災会が行う活動には積極的に参加していた。立ち上がったばかりの里山クラブにも名前を連ねている。

校長があいさつすると、一斉に一二台の草刈り機と三台のチェーンソーが、軽快な音を響かせはじめた。

「うわーっ、これは追いつかないなあ」

思わず琢磨が叫ぶ。琢磨と美咲は、刈られた草を竹さらえで集めるのだが、草刈り機は一二台だ。到底追いつかない。二人は、必死で草を積み上げていった。

ボランティア活動で若者が育んだ夢

「美咲ちゃんは、もうどこの高校を受けるか決めてるの？」

「まだですけど、お婆ちゃんの介護や家事もしたいし、家から近い高校がいいと思ってます」

草刈りを終えた琢磨と美咲は、帰り道、自転車を押しながら桜台へと登る坂道を歩いていた。

「そうなんだ。お婆さんもお父さんも、美咲ちゃんがいるから助かってるね」

「どうかなあ。私は、ただお婆ちゃんが大好きで、お父さんには心配かけたくないだけなんだけど」

琢磨は、父と兄に反発していた自分の中学生時代を思い出し、あまりの違いに、大きなからだが自転車のかごに入るほどに縮まる思いだった。それに美咲がまぶしい。

「琢磨さんは？　四年生ですよね」

「まだおやじにもおふくろにも言ってないんだけど、もうちょっと大学に行こうかなあと思って」

「もうちょっと大学に行くって？」

美咲は、琢磨を見上げた。

「うちの大学には社会福祉学科があるから、来年の春に三年生に編入したいなあって」

「社会福祉学科？」

「俺、社会福祉士になりたいって思ってさ」

「えーっ、私も。不登校だったとき、お世話になった地域包括支援センターの北さんみたいに、私も社会福祉士になりたいの」

「美咲ちゃんも？」

立ち止まると、二人して顔を見合わせた。

偶然にも、二人ともボランティア活動がきっかけで、地域の人たちの暮らしを支える仕事がしたいと思うようになり、社会福祉士の資格を取りたいと思っていたのだ。

「でもなあ……。来年三年生に編入したら、二年間よけいに大学行くことになってお金がかかるだろ。おやじとおふくろに言い出しづらくって。さんざん困らせてきたのに今さらなあ」

「琢磨さんが社会福祉士になりたい気持ちを伝えたら、喜んで協力してくださると思いますよ」

「そうかなあ」

「そうですよ。だって琢磨さんのお父さん、琢磨さんが一生懸命ボランティアしている姿を見て、いつも嬉しそうじゃないですか。今日だって」

「ええっ、そうなの？」

ボランティアをしているとき、琢磨は、父の顔はもとより、父の姿自体を見ないようにしていた。

「そうですよ。きっとほかのおじさんたちもみんな知っています」

「そうなのか。俺、美咲ちゃんに相談してよかった」

「私に相談？」

「美咲ちゃん、相談したらちゃんと向き合ってくれるように思ったから」

「ええーっ」

美咲は一瞬クラッとした。

「危ない！」

琢磨は、歩道の縁石に足を取られ、車道に転びそうになった美咲の腕をつかみ、引き寄せた。

「ありがとうございます」

「どうしたの？」

「琢磨さん、大人なのに、子どもの私を対等に見てくれたでしょ。それがとても嬉しくって」

美咲の瞳には涙がにじんでいた。

行政と専門機関による地域のバックアップ

「琢磨、卒業したらどうする気だろう」

熊野文太は、ここのところずっと気になっていた。

「琢磨に直接聞いてみたらいいじゃない」

佐知は言うが、熊野は、どう聞けばいいのかわからない。このごろ琢磨とはうまくいっている。この関係を壊したくなかった。変な聞き方をしてしまうのではないかとちゅうちょしてしまうのだ。

「佐知は気にならないのか？」

「うん、気にならない。琢磨のことだから、ちゃんと考えているでしょ。それよりもう行かないと。大事な会議なんでしょ」

安心・安全ネットワーク運営委員会

今日は、「桜台　安心・安全ネットワーク運営委員会」が初めて開かれる。市役所の会議室が提供された。行政からは、高齢福祉課、グリーンパーク（環境部）、都市計画課、危機管理課、それに警察、消防。専門機関として、市社会福祉協議会、地域包括支援センター。そして、桜台からは、自治会とすべてのボランティア団体、それに老人クラブ、民生委員・児童委員会、それぞれの代表が一堂に会する。すでに実施していた「桜台　安心・安全ネットワーク会議」の上位となる会議だ。

従来から、安心・安全ネットワーク会議もそうだが、桜台の住民組織の代表会議や、必要に応じて行政関係課との会議を開いていた。だが、それは実務を行う担当者の打ち合わせ会議だった。

昨年、避難防災訓練が終わった頃、植松から次のような指摘があったのだ。安心・安全ネットワークは、地域共生社会へと歩む要になる。地域住民だけではなく、行政も専門機関も一体となってつくっていくものだ。年に一回は、地域、専門機関、行政の三者の代表が一堂に会し、めざすべきことを共有する上位の会議、つまり運営委員会が必要ではないかと。熊野も坂下もピンとこなかったのだが、数日後、市社会福祉協議会の伏尾和彦からも同じ指摘を受けた。

熊野と坂下は、足しげく市社協に通った。地域包括支援センターの北峰子も加わり、議論を繰り返し、運営委員会の必要性、今後の「桜台　安心・安全ネットワーク」の方向性を取りまとめた。そして、年が明けて今年の初め、市社協の事務局長と熊野が市にかけ合ったのだ。

市長は昨年、夏祭りなどの行事に参加し、住民の盛り上がりを直《じか》に見ていた。市長から、関わりが深い高齢福祉課、グリーンパーク（環境部）、都市計画課、そして危機管理課については、地域主導の「桜台　安心・安全ネットワーク運営委員会」に出席するようにという指示があったのだ。

「運営委員会はいかがでしたか？」

植松は、翌日、作戦会議にやってきた熊野と坂下に尋ねた。

「行政からは、どこも課長クラスがきてくれてな。一堂に会するのは初めてで、それぞれの課や専門機関が桜台と密接に関係していることを知って、みんな驚いてた。なあサカさん」

「そうなんだ。いよいよキョーさんの出番が近づいてきたぞ」

坂下はおどけて言う。

「私の出番ですか？」

「いやあ、実はな。キョーさんには、今でも安心・安全ネットワークのことで、いろいろ相談に乗ってもらっているけど、表舞台にも出てほしいんだ」

熊野は突然、真面目な顔で言う。

「表舞台？」

「キョーさんは頭がいいし、なかなか鋭い視点で物事を俯瞰的に見てくれるだろ。近いうちに地域デビューするだろうし、会議にも出席してアドバイスしてもらえないかってことだ」

熊野は、見越している先を話してみた。

「地域デビューは、いずれしたいと思っています。でも、会議への出席はいけません。誰も私のことなんか知りませんし。作戦会議でしたら好きなこと言わせてもらえますので、それがいいんです」

「うーん、やっぱりそうか、わかった」

熊野は、あっさり引き下がった。植松の意向を尊重したかったのだ。

折衝、交渉、さまざまな調整

「ところで、この一年、行政との折衝とか専門機関との交渉とか、地域内の団体の調整も含めて、いろんな調整は、とてもうまく進みましたよね」

植松は、話題を変えた。

「それは、何と言ってもクマさんのおかげ」

すかさず坂下が言う。

熊野は、自分でも頑張ったと思っていたが、坂下に面と向かってそう言われると照れる。熊野は、とにかく折衝や交渉は、電話で済むようなことでも必ず自ら出向くことにしていた。特に相手が行政の場合は気をつかった。「こっちへこい」では絶対にいけない。

熊野は一昨年、自治会長に就いて一年目、「善処します」という言葉を何度も聞かされた。その後、行政はまったく動かない。昨年、期限を決めることなく自治会長を継続することになった。やはり「善処します」は聞かされた。だが、「昨年善処しますと聞き、楽しみにしていたんですよ。今年はどのように善処していただけるんでしょうか?」などと穏やかに切り返すことができた。すると、少なくとも行政は動いてくれる。グリーンパークへのスムーズな草木の搬入や、補助金をもらって公園の清掃を請け負うことになったことなどは、自治会長を継続したことで実現した手続きである。

「自分たちでできることは自分たちでやろう。そして、できないことは行政にお願いしよう」。熊野と坂下が申し合わせ、安心・安全ネットワークに浸透させてきた合い言葉だ。この姿勢で、行政との折衝や専門機関との交渉はすべて熊野がやってきた。自治会長の役割だと強く認識していたからだ。自分たちで努力をせずに、行政に動いてもらおうとすることは決してしなかったし、したくもなかった。

熊野のこうした姿勢が、自治会長を継続した昨年から行政に伝わってきたようだ。市社協の伏尾と包括の北の力も大きかった。二人は、常に「住民主体」を念頭に置いている。「自分たちでできることは自分たちでやろう」という姿勢を高く評価してくれた。それに、全面的にバックアップをしてくれるだけではなく、熊野の立場や力量ではできない専門的な支援を随所でしてくれる。彼らはそんなことを口にはしないが、熊野にはよくわかった。

心を一つにするイベント

里山クラブの発足にあたり、夏休みには、桜小学校の子どもたちを対象としたアドベンチャーハイキングを実施することになっていた。四号公園を出発し、背は高くないが美しい形をした咲良山《さくらやま》に登り、四号公園に下りてくる。その後、防災カレーをつくって食べ、趣向を凝らしたさまざまな体験をする。まさしく冒険だ。

早くに準備に入り、代表の堂上の提案で、実行委員を中学生以上の桜台の住民から募集した。その結果、幅広い年代から応募があり、実行委員長にはこの春大学四年生になった熊野琢磨、副実行委員長には中学三年生になった稲葉美咲が選ばれた。

補助金事業への応募

今年度に入り、市社会福祉協議会の伏尾和彦から、アドベンチャーハイキングを、市の市民協働推進補助金事業に応募してはどうかという提案があった。桜台から発信し、市全体の地域共生社会への歩みに弾みをつけるためだという。採択されると、桜小学校だけではなく、対象を市内全域に広げなければならない。たいへんなことになる。堂上と副代表の坂下は、すでに実行委員長、副実行委員長に選ばれていた琢磨や美咲と相談し、思い切って応募することにした。

明日が締め切りという日、坂下は、応募書類を伏尾に見てもらったが、押しが弱いという。毎年かなりの応募があるということで、まず第一次審査の書類作成に全力を注がなければならなかった。

「すまないが代わってくれないか？」

伏尾は押しが弱いと言っていたが、要するに作文が下手なのだと坂下は自覚していた。

「わかりました。坂下さんはこれから会議でしょ。書類の締め切りは明日ですし、私が頑張ってつくってみます」

坂下は、このあと自主防災会会長として県の会議に出席の予定で、時間がなかったのだ。堂上は、子どもの頃から作文が得意だったこともあり、快く引き受けた。

堂上が作成した応募書類は、第一次審査を無事通過した。第二次審査は、坂下が得意とするプレゼンテーションだ。緻密で迫力のあるプレゼンテーションは、圧倒的に担当者の支持を得て採択された。団体設立三年未満、スタートコースの補助金一〇万円を受け取ったのである。

楽しさの連鎖

「さあ出かけよう冒険旅行へ！　すばらしい何かが待っている」

アドベンチャーハイキングのキャッチコピーだ。琢磨が提案した。琢磨の友人がつくったキャンプソングのサビの部分である。曲名は「冒険旅行」。軽快なメロディはとても覚えやすい。

夢の国めざし　大空へ飛び出そう
ありんこみたいに小さくなるな　大きな大きな鳥になれ
※さあ出かけよう冒険旅行へ　すばらしい何かが待っている
さあ出かけよう冒険旅行へ　すばらしい何かが待っている※

自由な心になれたなら　大地に舞い降りよう
つらいことなどすべて忘れて　明るい笑顔を取りもどせ
(※二度くりかえし)

「いよいよアドベンチャーハイキングがはじまります。里山クラブ設立記念の大きな行事です。市内すべての小学校から八六人の子どもたちが参加してくれました。今日は、思いっきり楽しんで、思いっきり冒険してください」
堂上があいさつをすると、拍手が沸き起こった。
今回は、救護班として医師会から医師一名と看護師二名が派遣されている。補助金事業の事務局である市民協働課の担当者が働きかけてくれ、はじめて医師会が協力してくれた。

「冒険旅行」に送り出され、四号公園を出発した一行は、咲良山の登山道に入った。あらかじめ整備をしていたので登りやすい。とはいうものの、傾斜が急なところもある。道が狭くなっているところもある。先頭を歩く琢磨は、何度も振り返り「ゆっくりだぞ」と子どもたちに声をかけた。

登りきった子どもたちは、平野を見下ろすように座った。頂上を結ぶと二等辺三角形になる三山、遠く右側の美しいふたこぶの山から左へ、なだらかに次第に高くなる稜線を臨むことができる。

観光ボランティアによる「咲良山の歴史」と「三山の伝説」を聞いた子どもたちは、琢磨の合図で六年生グループから下山をはじめた。

四号公園に近づくと、再び「冒険旅行」が聞こえてきた。公園では、ボランティアが出迎えている。満面の笑みで「おかえりなさーい！」と手を振る副実行委員長の美咲がいる。当日ボランティアの橋本日和もいる。「暑いね、大丈夫？」と気づかう主任児童委員の河原や民生委員・児童委員会会長の吉坂もいる。市社協の伏尾、地域包括支援センターの北、市民協働課の担当者も下山に間に合うように駆けつけてくれた。自治会長の熊野は、お出迎えの様子を優しい目で見守っていた。

子どもたちは、ミストシャワーのトンネルをくぐり、テントへ向かった。

休憩すると、高学年の子どもたちが、防災カレーの材料を刻みだした。ボランティアのお母さんたちは、注意深く子どもたちの手元を見守る。低学年は宝物探しだ。公園プログラムの責任者を任された副実行委員長の美咲は、子どもたちやボランティアに声をかけながら公園中を見回った。

「みなさーん、お昼ご飯の防災カレーができました。順番に取りにきてくださーい！」

美咲がアナウンスすると、子どもたちは防災カレーコーナーに並びだした。桜小学校から借りた給食用のメラミン食器にラップが敷いてあり、食べた後はラップを捨てるだけでいい。子どもたちには、水の大切さを学ぶ機会になった。

午後、「あてものGO！」と名づけられた野外検定がはじまった。一〇メートルを自分の歩幅で計る「長さはまかせて」、五種類の調味料を嗅ぎ分ける「においの達人」、小石で一キログラムを量る「はかりの名人」など。普段しないようなことだが、できると役に立つことが、遊び心満載で子どもたちが楽しめるように工夫してある。あちらこちらで、子どもたちの歓声が上がる。

午後三時、実行委員長の琢磨のアナウンスで、子どもたちがテントの下に集まった。

「今日は、アドベンチャーハイキングに参加いただいてありがとうございました。みんなでとても楽しく過ごすことができました。最後に、副実行委員長の稲葉美咲があいさつします」

琢磨は、美咲を紹介した。

「東中学三年生の稲葉美咲です。今日はみなさんにきていただいて、みなさんと一緒に私自身も楽しむことができました。本当にありがとうございました。

今日は、子どもが楽しんでいると大人も楽しくなることを知りました。当日ボランティアできていただいたお父さん方やお母さん方、普段からボランティア活動をされているおじさん方やおばさん方も本当に楽しそうでした。みんな心が一つになっていると感じました。私は、いつもこんなふうに、みんなが一緒に笑って楽しく過ごせる地域や社会になればいいなって思います。

今日のアドベンチャーハイキングが、子どもも大人もみんなで助け合って楽しく暮らしていくきっかけになりますように、そう願っています。今日は本当にありがとうございました」

子どもも、テントの外にいる大人も、総勢およそ一五〇人が美咲に大きな拍手を送る。美咲は深々とお辞儀をし、琢磨のうしろに下がるとこっそり涙を拭った。

総合相談窓口とプラットホーム

秋晴れの土曜日、空は高く突き抜けている。桜台集会所に隣接する空き店舗だった二軒は、朝早くから賑わっていた。

集会所側の一軒では、桜台総合相談窓口「ほっと」が開所する。「地域住民にほっとしてもらいたい」という意味だ。市社会福祉協議会・伏尾和彦、地域包括支援センター・北峰子、自治会長・熊野文太、民生委員・児童委員会会長・吉坂典子が中心となり準備をはじめて一年半、市のバックアップのもと、モデル的に開所に漕ぎ着けた。どんな相談でも断わらずに受け付け、必要な専門機関など支援機関につなぐことを主な役割としている。防音効果の高いパーティションで区切られた相談室には、不要品としてもらい受けたソファーが置かれていた。基本的には、「ほっと」事務所で相談を受け付けるが、必要に応じて民生委員を中心に二人一組で訪問を行うことになっている。二階の和室は会議室になっていた。

運営は、民生委員、福祉委員、自治会の人権・福祉委員会委員からなる二十数名の地域の担い手を中心に、市高齢福祉課、市社協、包括の担当者の協力によって行う。

「いよいよスタートします。今日の開所式には、関係者が全員集まりました。ありがとうございます。しかし、運営の中心となるのは、地域の事情はよく知っているものの、民生委員、福祉委員、自治会の人権・福祉委員会委員という素人です。行政や専門機関の方々のご支援をいただきながら、できるだけ早く軌道に乗るように努力して参りたいと思います」

熊野のあいさつで、一同は身を引き締めた。

隣のもう一軒では、地域食堂「ひといき」が開店する。「ひと息ついてほしい」「あとひと息だから頑張れ」という意味が込められている。西四丁目の子育て世代のボランティアグループ「わかもの会」のリーダー・橋本忠夫が店主だ。稲葉美咲の同級生、橋本日和の父親である。以前から、食堂をやりたいと思っていた。本町の実家で、祖父母の代からの惣菜屋を営んでいたが、一年前、桜台で食堂をやりたいと両親と弟に相談すると、弟は、「それじゃ、俺が惣菜屋をやる」と勤めていた会社を辞めて帰ってきてくれたのだ。

一階には、四人掛けのテーブルと椅子が四セット並べてある。ガラスの冷蔵庫から、好きな惣菜を自分で取る。一部二〇〇円のものもあるが、大半が一皿一〇〇円だ。持ち帰りもできる。

二階は和室になっており、ルールを守れば、誰でも自由に使うことができる。貸し切りはできないが、交流の場として使ってもいい。子ども向けの絵本や童話、レゴブロック、おもちゃ、将棋や囲碁、オセロなども揃えられた。チラシで不要品の募集をすると、たくさんの寄付があったのだ。

一階のホワイトボードは二週間分の「お手伝い当番表」になっていて、お手伝い登録をすませると、中学生以上であれば名前を書くことができる。接客や洗い物、掃除、片づけなど一時間お手伝いをすれば、定食が無料になるメッセージ付きチケットを一枚もらうことができる。

初日ということで、すでにお手伝い登録をすませた琢磨と美咲が、早くから日和とともに最終準備をしていた。橋本の実家から惣菜が届くと、小鉢に小分けしてガラスの冷蔵庫に入れ、準備完了。

一一時開店。昼食用の惣菜を買いに、地域の人たちが次々にやってきた。一一時三〇分になると、隣の「ほっと」で開所式と打ち合わせ会議を終えた関係者たちが、交代でやってきた。

「開店おめでとうございます」

最初に席に着いたのは、自治会長の熊野文太だった。

「熊野さん、何かと応援していただき、ありがとうございました。今日、こうして無事に開店することができました」

橋本は、丁寧に礼を言う。

「いえいえ。『ほっと』と『ひといき』は、この桜台で同じ日に生まれた双子のようなものです。力を合わせて頑張りましょう。『ひといき』は、橋本さんが、桜台のプラットホームにしたいということでしたね。集会所も隣接していますから、老人クラブや、百歳体操、ふれあいサロン帰りのお年寄りも利用されると思います。たくさんの人たちが交流されることを期待しています」

熊野が差し出した右手を、橋本は、両手で力強く握りしめた。

コラム⑤ 人が前向きになれる居心地のいいつながり

みんながお互いに気づかい、受け容れ合う。誰もがそんな居心地のいい集団を経験したことがあると思います。そうした集団の中にいると、自己肯定感が高まります。ここにいてもいいんだ。自分の居場所がここにある。そう思うことができるのです。すると、自分に自信をもつことができるようになります。

逆だとどうでしょう。みんなお互いにいがみ合っている。自分のことしか考えていない。ひとこと言おうものならみんなから非難を浴びる。否定される。そんな集団の中にいると、当然自分に自信がなくなります。早くここから逃れたい。もう何も話したくない。そう感じるでしょう。

考えてみれば当たり前のことなのですが、居心地のいいつながりをつくるためには努力が必要なのです。

今まで生きてきた背景が違うと、価値観や考え方、ものの見方や捉え方、「常識」のあり方が違います。嫌な思いをさせられたり、迷惑をかけられたりすると、その人を排除したくなります。人間の性《さが》かもしれません。でも、自分が、家族が、大切な人が、前向きに生きることができるように、居心地のいいつながりをつくる努力をしたいものです。今は「多様性の尊重」と言われています。地域でそんな話し合いをする機会をつくりませんか。

桜台　安全・安心ネットワーク

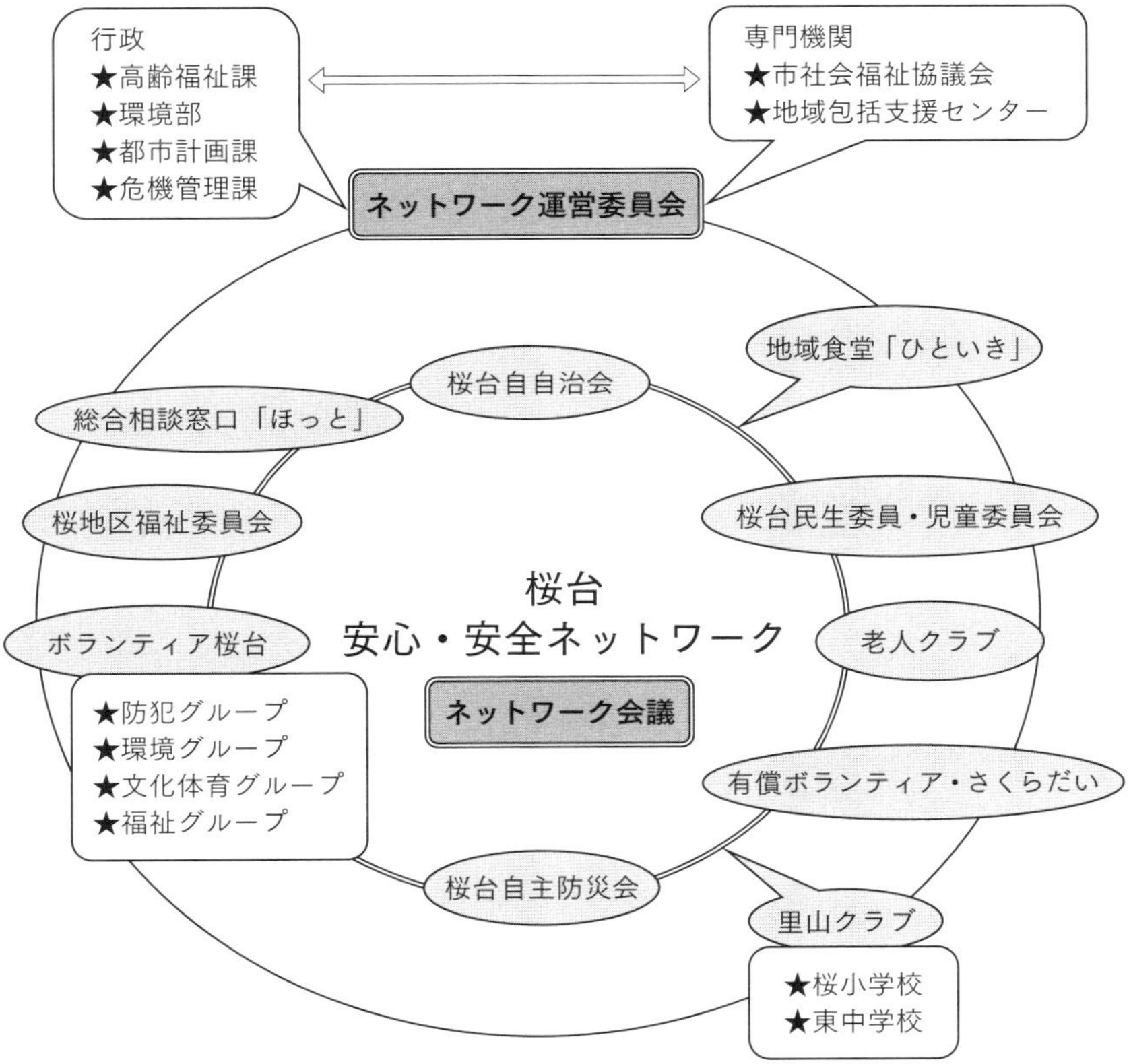

解説

地域共生社会へと歩む体制の整備

桜台には、総合相談窓口「ほっと」と地域食堂「ひといき」が、まるで双子のように誕生しました。この二つの拠点は、地域共生社会へと歩む桜台にとって大きな意味があります。

総合相談窓口には、分野に関係なくあらゆる相談を受け付け、必要な専門機関などの支援機関につなぐ、また支援機関同士をつなぐ役割があります。この窓口の設置は、地域住民に対して、いわゆる「たらい回し」をしないという強い意思表示となるのです。

一方、「ひといき」は、地域のプラットホームになることを狙ってつくられました。プラットホームとは、子どもから高齢者に至るまで、さまざまな人たちが気軽に立ち寄ることができる地域の居場所であり、世代間交流の場です。相談の場として機能させている地域も多く存在します。

地域共生社会は、地域、専門機関などの支援機関、行政のネットワークで成り立つものですので、桜台の体制を見ると、まだまだ多くの課題があります。しかし、この二つの拠点の相乗作用で、地域共生社会への歩みが加速されることでしょう。

重層的支援体制整備事業の創設

ここで、地域共生社会を実現する政策について整理しておくことにします。

ダブルケアや八〇五〇問題など一つの世帯に複数の生活課題が存在している状態や、世帯として社会から孤立している状態などに対応するために、市町村における包括的な支援体制の構築に向けて、三つの支援が事業の枠組みとして整理されました。第三話の解説で示したとおりです（表3、一三九頁）。

これを受けて、二〇二〇年六月、社会福祉法が再び改正され（二〇二一年四月施行）、包括的な支援体制を構築するために、「Ⅰ相談支援」「Ⅱ参加支援」「Ⅲ地域づくりに向けた支援」の三つの支援を一体的に取り組む重層的支援体制整備事業が創設されました。図5-1のとおりです。それに伴う国による市町村への財政支援（交付金の交付）は、図5-2のとおりです。また、三つの支援の一体的な取り組みでは、次の五つの事業を展開するとされています。

①包括的相談支援事業
②参加支援事業
③地域づくり事業
④アウトリーチ*等を通じた継続的支援事業

＊アウトリーチとは、直訳すると「外に手を伸ばす」。支援が必要であるにもかかわらず届いていない人たちに、行政や支援機関が出向いて行って積極的に働きかけ、情報や支援を届けることを意味している。

⑤多機関協働事業

たとえば、厚生労働省資料によれば、次のような展開が考えられます。

- 相談者の属性、世代、相談内容にかかわらず、**包括的相談支援事業**において包括的に相談を受け止めます。受け止めた相談のうち、複雑化・複合化した事例については**多機関協働事業**につなぎ、課題の解きほぐしや関係機関間の役割分担を図り、各支援機関が円滑な連携のもとで支援できるようにします。
- なお、長期にわたりひきこもりの状態にある人など、自ら支援につながることが難しい人の場合には、**アウトリーチ等を通じ**

図5-1　重層的支援体制整備事業の全体像

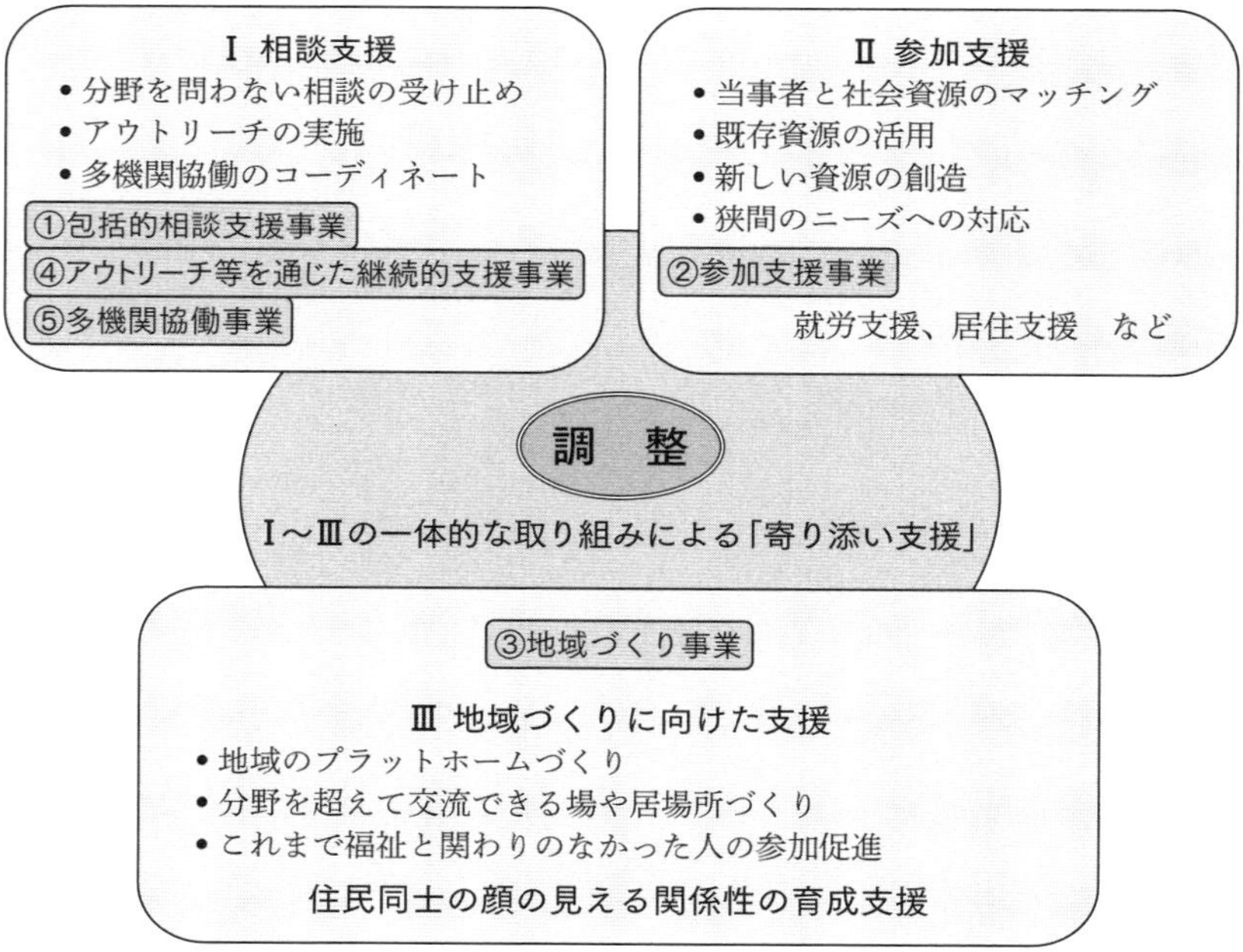

参考：厚生労働省資料

た**継続的支援事業**により、当事者との関係性の構築に向けて支援します。

- 相談者の中で、社会との関係性が希薄化しており、参加に向けた支援が必要な人には**参加支援事業**を利用し、本人のニーズと地域資源の間を調整します。
- このほか、**地域づくり事業**を通じて住民同士のケアや支え合う関係性を育むほか、他事業と相まって地域における社会的孤立の発生や深刻化の防止をめざします。
- 以上の各事業が相互に重なり合いながら、市町村全体の体制として本人に寄り添い、伴走する支援体制を構築していきます。

図5-2　相談支援・地域づくり事業の一体的実施

○各支援機関・拠点が、属性を超えた支援を円滑に行うことを可能とするため、国の財政支援に関し、高齢、障害、子ども、生活困窮の各制度の関連事業について、一体的な執行を行う。

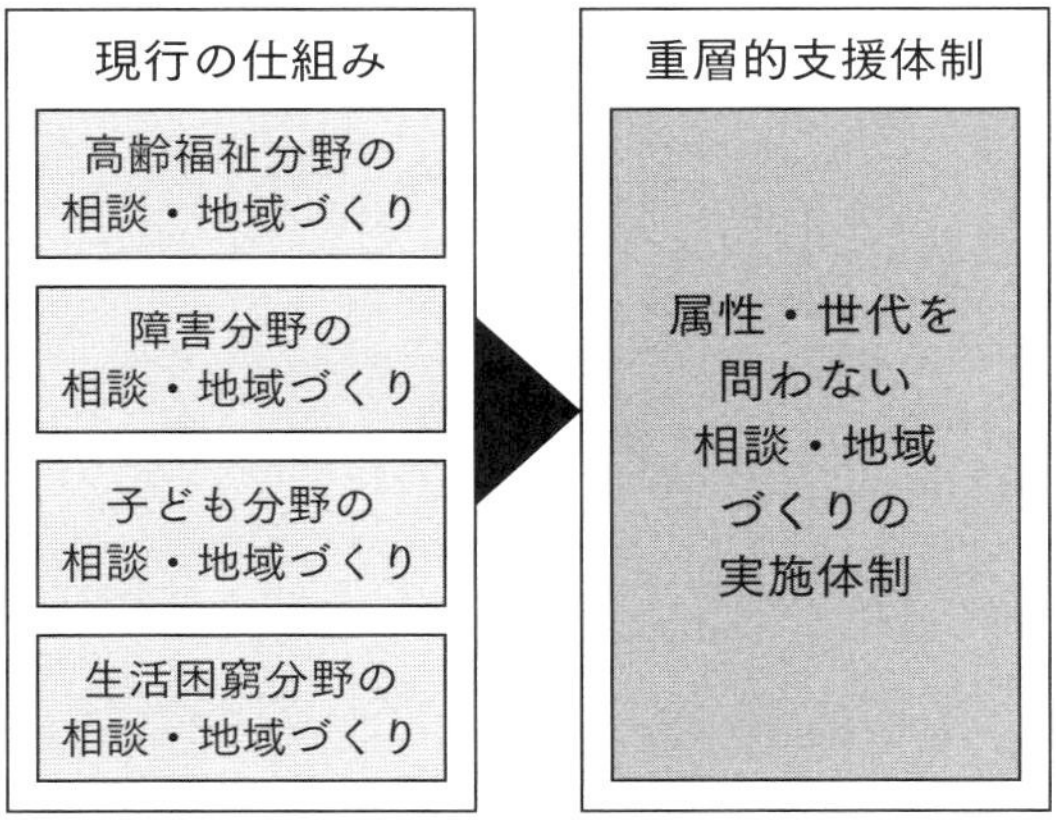

出典：厚生労働省資料

重層的支援体制の意義と意味

重層的支援体制整備事業には、次のような意義があります。

- **特定の分野に該当する人だけではなく、すべての住民を対象とすること。**

- そのことで、各分野で定められた相談支援機関の機能を超えた支援が可能となること。
- 多様なほかの分野と連携したソーシャルワークの展開や仕組みづくりを充実させることになること。

これらの意義には、どういう意味があるのかを掘り下げてみることにします。

今まで、縦割り制度の弊害について、当事者の目線から示してきました。しかし、制度に基づいて支援する専門機関や専門職の側にも、弊害として「支援のしづらさ」が存在しているのです。生活課題が複数の専門分野にまたがっていて、自身の分野には予算上の制約がある、自身の専門性では対応が難しい、ほかの分野の資源が把握できないことなどによって、「もっと支援ができたはずなのに」と悔しい思いをしたことがある専門職は決して少なくないでしょう。

重層的支援体制整備事業は、こうした専門機関や専門職の「支援のしづらさ」を少しでも改善しようとするものなのです。負担を感じる未知の支援制度を取り入れるというイメージではありません。逆に、各分野の専門機関や専門職の負担を軽減しながら、多機関協働によって足りないところを補い合い、地域による支援力を底上げしながら効果的に当事者やその世帯、地域住民を支援していくための事業なのです。

重層的支援体制整備事業における関係者のメリット

重層的支援体制整備事業よって、関係者には次のようなメリットが考えられます。*

＊『重層的支援体制整備事業に関わることになった人に向けたガイドブック』三菱UFJリサーチ&コンサルティング、2021年、p.3～4

地域住民にとっては、分野をまたぐような生活課題を抱えても、生活課題ごとに窓口を探す必要がなく、適切な支援機関や制度につながることになります。また、当事者にとって顕在化している課題以外の生活課題にも支援が届くことによって、よりよい生活への支援につながります。

支援関係者・専門職にとっては、利用者・対象者の抱える生活課題のすべてを、一か所で抱え込む必要がなくなります。人的資源に限度がある以上、各分野の負担を軽減し、複数の支援機関で互いに補い合いながら支援していくことは、考えるべき現実的な課題です。

行政と地域社会にとっては、中長期的に大きなメリットがあります。抱えている生活課題の状況が悪化していけば、より高い社会的なコストを必要とします。参加支援やアウトリーチを通じて、できるだけ早く人とのつながりをつくり、生活課題に向き合うことができれば、仮に生活課題が解決しなくても、ケースの悪化を抑えることができます。地域の中には、孤立が原因で、また長きにわたって人との関わりがなくなってしまったことによって、外部の支援すら受け容れが難しくなってしまい、状況が深刻化してしまうケースがあります。行政にとっても、最終的には地域社会にとっても、深刻化したケースを減らしていくことには大きなメリットがあります。

こうしたメリットを地域住民、支援関係者や専門職、行政が共有し、三者が一体となってその地域に合った取り組みを設計することが大切なのです。

重層的支援体制整備事業を展開するソーシャルワーク

地域共生社会は、住民同士が気にかけ合い、支え合い、助け合うことによって、さまざまな生活課題を抱える当事者や世帯であっても、社会や地域に参加できるように背中を押してもらうことができる地域だと捉えることができます。そういった地域での人々のつながりをつくるためには、サービスや制度の活用だけではなく、地域住民が当事者とつながり、寄り添い続けることが大切になります。それが可能になるようにコーディネート（さまざまな支援を組み合わせ、うまく機能するように調整）するのがソーシャルワークなのです。

「寄り添い支援」の重要性

生活課題を抱えている当事者や世帯に対するアプローチには、「課題解決支援」と「寄り添い支援」の二つがあります。図5-3のとおりです。

「課題解決支援」とは、生活課題に対して、現金給付（生活保護、手当など）や現物給付（訪問介護、短期入所など）、つまり制度を利用することによって課題を解決しようとするものです。行政や地域住民には、社会福祉の支援（ソーシャルワーク）はこのことを指していると勘違いしている人が多く存在していると思われます。確かに制度利用の手続きをすることもソーシャルワークの一部ではありますが、実は、労力の大半は「寄り添い支援」の調整に注がれるのです。

第三話の解説で示した、専門職が当事者につながり続ける「伴走型支援」と、住民同士が地域で日常的に気にかけ合い、支え合い、助け合いをする「ゆるやかなつながり」を合わせた支援のことを、本書では「寄り添い支援」と表現することにします。

地域共生社会を実現する重層的支援体制整備事業を展開するためには、当事者が抱えている生活課題を解きほぐし、周囲の人たちとの関係性をつくりあげることが重視されます。具体的な制度利用につながらなくても、当事者が、専門職や周囲の住民とつながり続けることで、その関係そのものが当事者の居場所になるのです。

図5-3　課題解決支援と寄り添い支援

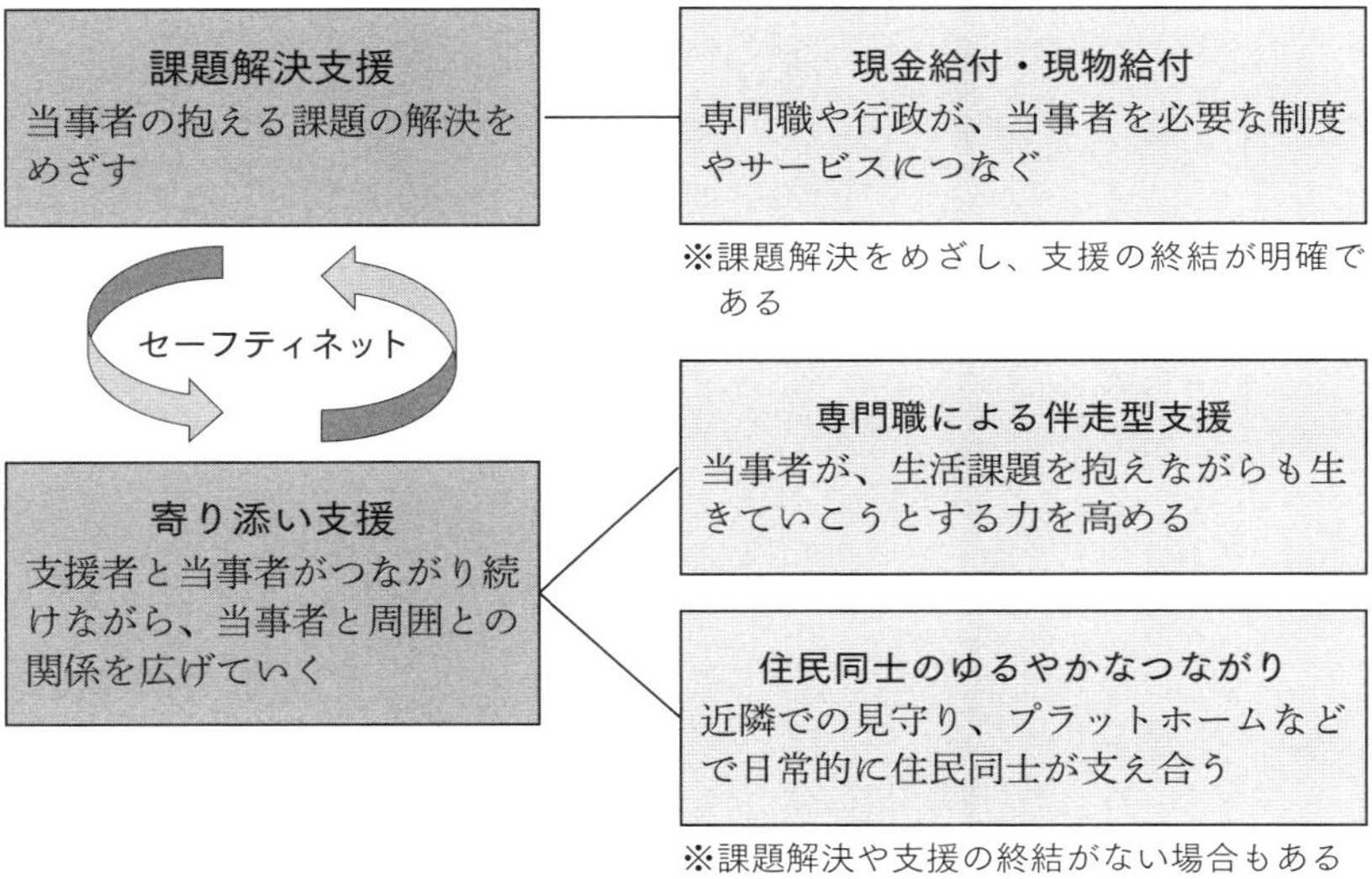
課題解決支援
当事者の抱える課題の解決をめざす
現金給付・現物給付
専門職や行政が、当事者を必要な制度やサービスにつなぐ
※課題解決をめざし、支援の終結が明確である
セーフティネット
専門職による伴走型支援
当事者が、生活課題を抱えながらも生きていこうとする力を高める
寄り添い支援
支援者と当事者がつながり続けながら、当事者と周囲との関係を広げていく
住民同士のゆるやかなつながり
近隣での見守り、プラットホームなどで日常的に住民同士が支え合う
※課題解決や支援の終結がない場合もある

参考：『重層的支援体制整備事業に関わることになった人に向けたガイドブック』三菱UFJリサーチ＆コンサルティング、2021年、p.5

たとえ、生活保護の受給（現金給付）によって最低限の生活が成り立っても、たとえ、訪問介護（現物給付）によって食事をとることができても、孤立や排除がなくなるわけではありません。当事者が、自然に、常に誰かとつながっていることが大切なのです。そのつながり先は専門職に限りません。町会や自治会の役員、ボランティア活動に従事する住民だけでもありません。古くから付き合いのある近隣の人々、利用する店の店主や従業員、サロン仲間、喫茶店や居酒屋のマスターなのかもしれません。そうしたつながりを自然につくることができる環境が「寄り添い支援」であり、それを可能になるように調整するのがソーシャルワークなのです。

「相談支援」「参加支援」「地域づくりに向けた支援」の一体的取り組み

重層的支援体制整備事業の考え方では、「寄り添い支援」をふまえ、人と人、人と地域をつなぐことの重要性があるという点で一貫しています。

「相談支援」については、単に窓口を設置して相談者を待つだけではなく、生活課題を抱えた当事者や世帯が、適切な専門職に相談できるような地域環境をつくっていくことも含め、地域の人と人との継続的なつながりを重視しています。支援は必ずしも窓口での相談からはじまるわけではありません。相談窓口に直接出向くことが心理的に難しい人も少なくないのです。ですから、人と人とのつながりの中で自然に生活課題が見つかることが大切なのです。

「地域づくりに向けた支援」では、行政がつくるというよりは、すでに地域の中にあるもの、地域の中で動き出しているものがあるはずですから、事業としては、それが加速するように、またつながるように側面的に支援すること、少し背中を押すような支援をすることが大切なのです。

「参加支援」は、地域づくりに向けた支援で生まれた場、すでに存在している場と生活課題を抱えた当事者をつなぐための支援です。個人のニーズにあった場を探し、必要であれば、個別につなぐように支援をすることになります。たとえば、就労支援などでは、単に受け容れ企業を探すということではなく、受け容れやすくなるような側面的な支援を展開することが大切なのです。

ソーシャルワークにおけるストレングス視点

さて、重層的支援体制整備事業の三つの支援の一体的な取り組みのためには、ソーシャルワークにおけるストレングス視点が非常に有効に機能します。

当事者や地域には、強さや前向きな力が存在しています。それは、平たく言えば、当事者や地域がもつ「よいところ」だと言い換えることができるでしょう。これを「ストレングス」といいます。支援を必要としている当事者は、治療の対象（患者）でもなく、教育の対象（生徒）でもありません。あくまでも生活の主体となる人ですので、ソーシャルワークでは、当事者自身が問題解決へと向かうように支援します。そのためには、当事者や地域のストレングスに着目することが非常に重要なポイントになります。このことを「ストレングス視点」といいます。

最後に、本書の物語全体を振り返り、当事者や地域のもつストレングスとストレングス視点によるソーシャルワークを整理しておくことにします。

当事者のストレングス

個々の当事者のストレングスは、たとえば次のとおりです。

黒田芳子さんは、不思議な力をもっていて、父親との確執で悩む熊野琢磨くんの支えになりました。また、近所の人と仲よくしたいといった気持ちを表現することで、琢磨くんや吉坂さん、北さんによる支援の方向性を引き出しました。

稲葉美咲さんは、千代子さんの介護や家事をすすんでやっていました。不登校に陥りましたが、学習の遅れが生じないように、橋本日和さんに教えてもらいながら毎日宿題をしていましたし、日和さんに落ち着きを与えました。そして、作文で市長賞を取るだけの社会や地域への強い思いを内に秘めていたことや文章力は、たいへんなストレングスだといえるでしょう。

松場聡史さんは、リストラから自暴自棄になり、タオさんや尚哉くんに対して虐待してしまい、尚哉くんは一時保護、夫婦はカウンセリングを受けなければいけないという逆境に立たされました。しかし、そもそも真面目な性格で、二度とこういうことは繰り返さないと決意することができました。その背景には、松場さん一家の強い絆があったのでしょう。

植松京介さんは、大手出版社で編集の仕事をしていた頃、業界で一目置かれるほどの人でした。

冷静な目で物事を俯瞰的に見ることができ、新しく安心・安全ネットワークを構築するにあたり、自治会長の熊野さんや自主防災会会長の坂下さんに頼りにされる存在になりました。

これらは、そもそも当事者に備わっているものですが、立ちゆかない状況に陥ることで混乱し、自尊心や自己肯定感が低下してしまうことで、当事者自身見失ってしまうのです。ソーシャルワークでは、当事者にストレングスへの気づきを促し、支援者や家族、地域住民との相互作用でさらに新たなストレングスを見出し広げていけるように支援をします。そのことが、地域共生社会がめざす「支え手」と「受け手」の関係を超えるという現象を引き起こすことにもなるのです。

地域のストレングス

一方、桜台にも、地域としてたくさんのストレングスが存在していました。

今や名ばかりになっていた安心・安全ネットワークを再構築し、新しい強固なネットワークにしようと、相当考えて思いを積み上げてきた自治会長の熊野さんや自主防災会会長の坂下さんが存在していました。「自分たちでできることは自分たちでやろう。そして、できないことは行政にお願いしよう」という合い言葉が広がり、自治会やボランティア活動に従事する住民に浸透していきました。また、夏祭り、避難防災訓練、アドベンチャーハイキングといった行事やイベントを成功させました。これらは、桜台という地域のストレングスだったのです。

細かく見ていくと、桜台には、住民の支えになるたくさんの人が存在していました。たとえば、琢磨くんのように高齢者などを気にかける優しい気持ちの大学生がいたこと。黒田さんと仲がいいという近所の方がいたこと。その方が、民生委員の吉坂さんに相談できる方だったこと。美咲さんには、同じ町内に支えてくれる橋本日和さんという親友がいたこと。松場さん一家を支える主任児童委員の河原さんがいたこと。植松さんを心配する幼なじみである熊野さんの妻佐知さんがいたこと。こうした人々の存在そのものも桜台の強さだといえるでしょう。

また、支援を必要とする当事者を含め、さまざまな人々や、自治会やボランティア団体などの組織、その活動が、相乗効果でストレングスを増強させていったともいえるでしょう。その結果、地域住民のゆるやかなつながりに発展していきました。

さらに、行政や専門機関に協力を得ながら、総合相談窓口「ほっと」が開所し、プラットホームをめざす地域食堂「ひといき」が開店しました。二つの拠点が生まれたことで、「ひといき」で発見された生活課題を抱えている人を、隣の「ほっと」につなぐことができる可能性が広がりました。逆に、「ほっと」で見つかった人が、「ひといき」を利用するようにつなげることができる可能性も広がりました。二つの拠点は、重層的支援体制整備事業という政策の一環でできたものではありませんが、市がこの事業に移行する際に、間違いなく重要な地域資源になるでしょう。

一人ひとりの住民のストレングス

今現在、特別な支援を必要としているわけではない一人ひとりの住民にも、ストレングスは存在しています。

物語には出てきませんでしたが、たとえば、多くの人は趣味や特技をもっているでしょう。学生のとき吹奏楽部でクラリネットを吹いていて、コンクールで金賞を取ったことがある。昔からガーデニングが好きで、一年中庭に花を咲かせている。定年退職したら、若い頃にやっていた書道を再びはじめたいと思っている。芸能人が俳句を詠んで競うテレビ番組を見て俳句に目覚めた。編み物が得意で、人に教えることだってできる、などです。

こうした趣味や特技をもっていること自体ストレングスですが、趣味や特技を誰かと共有し、一緒に楽しみたい。機会があれば人々に披露したい。希望する人があれば教えてもいい。といったニーズをもっている人もいるのではないでしょうか。同じように、仕事で磨いてきた何らかの専門技術をもっている人の中にも、機会があれば、地域の役に立てたいと思っている人がいるはずです。

また、逆に「○○を教えてほしい」「指導してほしい」「協力してほしい」というニーズもあるはずです。ニーズのマッチングができれば、一人ひとりの住民がさまざまな活動をはじめるきっかけにもなるのです。

ほかにも、以前、畑をしていたが今は高齢でできない。誰か借りてくれないか。以前は事務所として使っていたが今は空き家になっている。誰かに使ってほしい。といったニーズをもっている人もいるかもしれません。

こうした一人ひとりの住民のストレングスやニーズを掘り起こすことができるような、またニーズのマッチングができるような仕掛けをつくる働きかけをすることも、ストレングス視点に立ったソーシャルワークだといえるでしょう。

ストレングスを活かすソーシャルワーク

ストレングスを列挙してみましたが、際限がありません。掘り起こせば掘り起こすほどたくさん出てきます。ストレングス視点をもつということは、当事者や一般の地域住民、そして地域の力を信じて、ソーシャルワークを展開することにほかなりません。ソーシャルワークを専門とする社会福祉士をはじめ福祉分野の専門職はもちろんですが、ほかの分野の専門職も行政に携わる職員も、地域で活動する住民も、こうした視点をもつことが大切なのです。

そして、図5-4のように、相乗作用が起こり、どんどん広がるストレングスを

図5-4　ストレングスの相乗作用

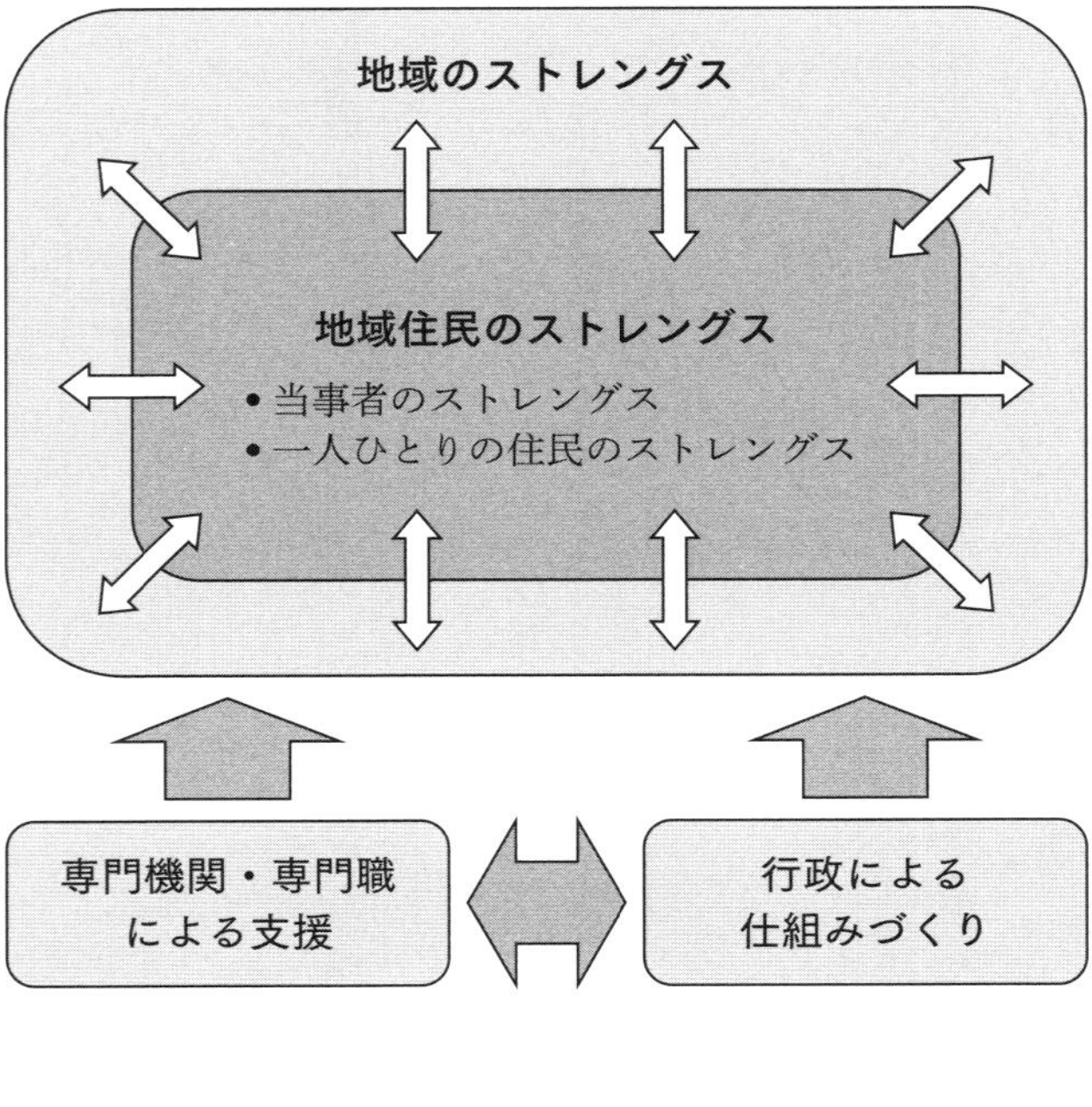

大いに活用することで、重層的支援体制整備事業の展開はもちろんのこと、地域共生社会へと歩むことができるのです。

第五話のポイント

重層的支援体制整備事業	●本事業によって、すべての住民を対象とした各分野の機能を超えた支援が可能になるとともに、多分野協働のソーシャルワークや仕組みづくりが充実する ●地域住民、専門職、行政、ひいては地域社会にとってもメリットは大きい
「寄り添い支援」をふまえた取り組み	●当事者と専門職や周囲の人たちとの関係性をつくりあげることで、たとえ制度利用につながらなくても、関係そのものが当事者の居場所になる ●そうしたつながりを自然につくることができる環境が「寄り添い支援」であり、それを可能にする調整がソーシャルワークである
ストレングスを活かすソーシャルワーク	●当事者、一人ひとりの住民、地域のもつ強さや前向きな力を活用することで、重層的支援体制整備事業の展開や地域共生社会への歩みが可能になる ●それは、当事者や一人ひとりの住民、地域を信じてソーシャルワークを展開することにほかならない

エピローグ

「おやじ、おふくろ、ちょっと話があるんだ」

午後三時、「ひといき」の開店の手伝いを終えて帰宅した琢磨の顔は神妙だった。

「どうしたんだ？」

熊野文太が、冷蔵庫から取り出したビールを片手に食卓に座ると、琢磨は話しだした。

「俺、決めたんだ。来年春、卒業しないで社会福祉学科の三年生に編入しようと思ってる。去年からボランティアをしてきただろ。地域のお年寄りにいっぱい関わって、専門職の人とか民生委員さんとも一緒に活動して、それに、地域の草刈りとか清掃して、たくさんの人からお礼も言われて、地域の人たちの暮らしを支える仕事がしたくなったんだ。すごくやりがいを感じる。それで卒業したら社会福祉士になりたいんだ」

琢磨は一気に話した。

しばらくの沈黙。佐知は涙ぐんでいる。その横顔を見ると熊野も目頭が熱くなった。

「琢磨、はじめて自分から何かをしたいって言ってくれたな」

そのことが何よりも嬉しい。熊野は、涙声になるのをこらえて低い声で応えた。

「…………」

琢磨は黙っている。

「学費だな。わかった、俺が出してやる」

熊野は、当然その相談だと思った。

「さすがおやじ、察しがいい。就職したらちょっとずつ返すから、とりあえず貸してほしい」

「わかった、出世払いだな。期待しないで待ってるぞ」

熊野は、嬉しくて舞い上がるような気持ちになった。

「ほら、琢磨はちゃんとこれからのこと考えてたでしょ」

佐知は涙を拭いながら自慢げに言う。

「そうだな。俺も琢磨を信じないといけないな」

熊野と佐知は顔を見合わせた。

「おやじもおふくろも何の話をしてるんだ」

「いやいや、琢磨も大人になったなあと思ってな」

ビールで乾杯。琢磨がよくしゃべる。

琢磨とこうして心を通わせて話すのは何年ぶりか。熊野や兄に反発して柔道をやめたのは中学一年生のときだった。熊野は、あれからほぼ琢磨の仏頂面《ぶっちょうづら》しか見ていない。話しかけても「ふん」とか「おお」といった短い返事しか返ってこない。それに、何か目標をもつわけでもなく、だらだらと過ごしているようにしか見えなかった。兄が結婚して家を出て行ってからは三人で食卓を囲んだが、笑顔など見ることはなかった。こうして話すこともなかった。琢磨は、さっさと食べて自室にこもってしまう。そんな態度を見ていると、短気な熊野はつい声を荒げてしまう。そのときはただ腹が立っているだけなのだが、あとで、かなり琢磨の将来を心配していることに気づく。

佐知は「気にならない」と言った。嘘だろう。相当心配なのに、熊野に「とことん信じてやれ」と喚起していたのかもしれない。さっきの佐知の涙を見て、熊野はそう思った。

「よーし、今日は琢磨の大好物のハンバーグつくりまーす。エビフライとコーンポタージュも」

佐知は、そう宣言すると立ち上がった。

「えーっ、俺、大人になったんじゃないの？」

苦笑いをする琢磨の顔を見た熊野と佐知は思わず吹き出した。吹き出した二人を見て、琢磨も声を上げて笑い出した。

「キョーさん、張り切ってるじゃないか！」

自分よりも早くにきていた植松京介に、坂下勝矢は嬉しそうに茶々を入れた。

「おおー、ついにきたな」

熊野文太も嬉しそうだ。熊野のうしろでは、妻の佐知が満面の笑みを浮かべ両手を振っている。

今日は、桜地区社会福祉協議会主催で桜小学校の清掃が行われる。校区全域から人々が続々と集まってきた。校長はじめ桜小学校の先生方、ＰＴＡ、子どもたち、卒業生の顔も見える。桜台からは、自治会、民生委員・児童委員会、それに、自主防災会、ボランティア桜台環境グループ、有償ボランティア・さくらだい、里山クラブ、老人クラブが参加することになっていた。総出だ。

校庭のフェンス沿いは、緑、黄、オレンジ、赤、えんじのグラデーションで淡く輝いている。ナンキンハゼの花言葉は「真心」。まるで桜小学校を拠点に地域の人たちの心が通じ合うことを願って植えられたかのようだ。

地区社協会長のあいさつで一斉に清掃がはじまった。桜台の担当は、校舎南側の一〇〇メートルにわたる植え込み周辺だ。植松は、民生委員であり主任児童委員の河原真紀とペアを組み、草刈り機とチェーンソーで刈られた草木を竹箒と竹さらえで集めていった。向こうのほうでは、熊野琢磨、稲葉美咲、橋本日和が、やはり草木を集めている。もうすっかり慣れたのだろう。手際がいい。

休憩に入ると、民生委員会の人たちが、植松のところに集まってきた。

「良子さんのご主人ですよねぇ」

「お元気にされていますか？」

「ずいぶん良子さんにはお世話になりました」

河原が、植松がきていることを伝えたのだろう。次々と植松に声がかかる。妻良子が亡くなってもうすぐ二年。改めて良子の人徳と熱心な活動に敬意を表さざるを得ない気持ちになった。ただ、まだ申し訳なかったという心の痛みは感じる。一生抱えて生きていくことになるだろう。

ちょうど二時間、校長のあいさつで清掃は終了した。

三々五々人々が家路につくのを横目で見ながら、植松は正面玄関前から階段下の校庭を見下ろした。はじめて見る風景だが、懐かしいような、切ないような、愛おしいような、この時間が終わってほしくないとでも表現すればいいだろうか、そんな複雑な思いに浸っていた。

「キョーちゃん、おめでとう！」

振り向くと、佐知が朝一番と同じ満面の笑みを浮かべていた。

「えっ？　おめでとう？」

「今日は地域デビューでしょ。おめでとう。はい！」

佐知は、植松にコスモスの小さな花束を手渡した。白と薄いピンクと濃いピンクの取り合わせが何とも可愛らしく清楚な感じがする。桜小学校の隣の農家に断りを入れ、畑で摘ませてもらったのだ。熊野、坂下、河原が、口々に「おめでとう」と言いながら佐知のうしろで拍手をしていた。

「ありがとうございます」

植松は、照れながら礼を言った。

「良子、無事に地域デビューしたぞ。これは、サッちゃんがつくってくれたんだって。桜と一緒で良子が大好きな花だったね。秋の桜ってよく言ってた。クマさん、サカさん、それに河原さんもおめでとうって。今日は、子どもたちにお礼ができたように思う。あいさつの大切さと散歩の楽しさを教えてくれたからな。そうそう、民生委員さんたちが、俺がそこにいることを知って、次々にあいさつしにきてくれたぞ。良子が一生懸命活動して、たくさんの人たちの支えになったからだ」

植松は、花束を仏壇の花立てに差し、リン（鈴）を二回鳴らすと、遺影のはにかんだような半分の笑顔を見つめながら話しかけた。そして、手を合わせ目を閉じると、「良子、ほんとにありがとう。良子のおかげで俺にはここに居場所があるよ」と心の中でつぶやいた。

参考文献

- 川村隆彦『価値と倫理を根底に置いたソーシャルワーク演習』中央法規出版、二〇〇二年
- 植田寿之『対人援助職の燃え尽きを防ぐ――個人・組織の専門性を高めるために』創元社、二〇一〇年
- 『兵庫県県民生活審議会答申　緩やかなつながりにより社会的孤立を防ぐ地域づくり』兵庫県県民生活審議会、二〇一一年
- 植田寿之『物語で学ぶ対人援助職場の人間関係――自己覚知から成長へ』創元社、二〇一二年
- 安藤俊介『はじめての「アンガーマネジメント」実践ブック――自分の「怒り」タイプを知ってコントロールする』ディスカヴァー・トゥエンティワン、二〇一六年
- 公益社団法人日本社会福祉士会編集『地域共生社会に向けたソーシャルワーク――社会福祉士による実践事例から』中央法規出版、二〇一八年
- 岩間伸之・野村恭代・山田英孝・切通堅太郎『地域を基盤としたソーシャルワーク――住民主体の総合相談の展開』中央法規出版、二〇一九年
- 石川久展「わが国におけるミクロ・メゾ・マクロソーシャルワーク実践の理論的枠組みに関する一考察――ピンカスとミナハンの4つのシステムを用いてのミクロ・メゾ・マクロ実践モデルの体系化の試み」『Human Welfare』第一一巻第一号、関西学院大学人間福祉学部研究会、二〇一九年

●西内章・大熊絵理菜「ソーシャルワークにおける多職種連携の位置付けと実践課題」『高知県立大学紀要社会福祉学部編』第六八巻、高知県立大学、二〇一九年
●圓入智仁「ボーイスカウトとボランティア――阪神・淡路大震災後の組織的な復興支援活動と葛藤」『中村学園大学・中村学園大学短期大学部研究紀要』第五一号、中村学園大学・中村学園大学短期大学部、二〇一九年
●須賀由紀子「地域共生社会と自立した地域づくり」『実践女子大学生活科学部紀要』第五十七号、実践女子大学、二〇二〇年
●高木博史・都竹将貢『『地域共生社会』に関する社会福祉士の意識と課題――岐阜県社会福祉士会員アンケート自由記述からの分析」『岐阜協立大学論集』第五四巻第一号、岐阜協立大学学会、二〇二〇年
●石橋敏郎・木場千春「『我が事・丸ごと』地域共生社会の構想とその問題点」『アドミニストレーション』第二六巻第二号、熊本県立大学総合管理学会、二〇二〇年
●内山智尋「『地域共生社会』の実現とコミュニティソーシャルワークの役割」『評論・社会科学』第一三三号、同志社大学社会学会、二〇二〇年
●高橋和行「福祉と防災の連携を中心とした避難行動要支援者施策に関する研究」『早稲田大学審査学位論文 博士(人間科学)』、二〇二〇年
●立木茂雄『誰一人取り残さない防災に向けて、福祉関係者が身につけるべきこと』萌書房、二〇二〇年
●村野淳子「別府市における〝誰ひとり取り残さない〟インクルーシブ防災事業――命と暮らしを守る仕組みづくり」『消防防災の科学』第一四五号、一般財団法人消防防災科学センター、二〇二一年
●『重層的支援体制整備事業に関わることになった人に向けたガイドブック』三菱UFJリサーチ&コンサルティング、二〇二一年

●中尾緋菜「地域の温もり」『令和3年度　社会を明るくする運動作文コンテスト　入賞作品集』桜井地区保護司会、二〇二二年
●『第31回日本社会福祉士会全国大会　社会福祉士学会大分大会　抄録集』公益社団法人大分県社会福祉士会、二〇二三年
●加藤照之「災害時における避難行動要支援者の個別避難計画推進にあたっての課題」『紀要「地域構想」』第五号、大正大学地域構想研究所、二〇二三年
●藤井博志・高原伸幸・井岡仁志編著『チームでまちをデザインする——包括的な支援体制・重層的支援体制整備事業——推進体制のための協働形成と基本設計づくり』特定非営利活動法人全国コミュニティライフサポートセンター、二〇二三年

おわりに

「今日、行くところがある」「今日も用事がある」。筆者が一緒にボランティア活動をしている方々が、よく口にされる言葉です。多くの方は七〇歳代。八〇歳代の方も今までの延長線上で、活き活きと活動されています。生きがいを感じておられるようです。

筆者自身、純粋に一人の住民としてボランティア活動に参加して二年になりました。今さらながら、改めて気づくことがあります。

さまざまな考え方の住民がいて、会合やイベントのたびに、摩擦や衝突が起こります。しかし、そのことで、多くの工夫がなされるのです。すべての住民の個人的な望みを満たすことは不可能ですが、「誰一人取り残さない」前提があれば、解決を模索するための議論は、地域の絆を深めます。

市社会福祉協議会などの専門機関が、たとえば、小学生の車椅子体験学習にあたり、地域住民に応援を求め、終わればお礼を言ってくださいます。しかし、考えてみれば、市社協は、小学生や学校と地域住民がつながる機会を提供してくださっているのです。

集会所では、市行政各課の担当者が訪れ、さまざまな意見交換や打ち合わせが行われています。また、自治会長が、「これから市役所へ行ってくる」と言って出かけられます。筆者は、ボランティア活動のために集会所を訪れ、はじめてその光景を目にしました。多くの一般住民は、その光景を見ていません。しかし、確実に地域と行政はつながっているのです。

それぞれの出来事が、うまくつながり機能すると、地域共生社会への着実な歩みになるのでしょう。つなぐ役割を担うのは、地域住民であり、専門機関の専門職であり、行政職員。みんなが地域共生社会をつくる主人公なのです。それぞれの立場、役割、専門性を結集する。本書によって、その意識が多くの方々に醸成されることを願っています。

本書を執筆するにあたり、快く取材に応じ、自治会や自主防災会の立場から地域づくりについてご教示くださった、朝倉台（奈良県桜井市）の自治会長・菅原克博さん、自主防災会副会長・坂口幹彦さん。作文をとおして中学生の目線から、明るい地域をつくるためには工夫と協力が必要であることをご指摘いただいた中尾緋菜さん。たいへんお忙しい立場であるにもかかわらず、数度にわたり住民目線で原稿をチェックしてくださった桜井市議会議員・岡田光司さん。そして、今まで以上に多くのご示唆をくださり、ご尽力くださった創元社の松浦利彦さんには、心から感謝いたします。

二〇二四年八月

植田寿之

〈著者略歴〉

植田寿之（うえだ・としゆき）

一九六〇年、奈良県生まれ。同志社大学文学部社会学科社会福祉学専攻卒業後、社会福祉法人京都府社会福祉事業団心身障害者福祉センター（身体障害者療護施設・生活指導員）に勤務。その後、奈良県に就職。社会福祉法人奈良県社会福祉事業団に出向し、奈良県心身障害者リハビリテーションセンター（重度身体障害者更生援護施設・生活指導員）に勤務。一三年間の社会福祉現場経験後、同志社大学大学院文学研究科社会福祉学専攻博士課程（前期）に進学。修了後、皇學館大学社会福祉学部助手、梅花女子大学現代人間学部講師および准教授を経て、現在フリーで講演、研修講師、執筆等活動中。その他、社団法人日本社会福祉士会理事、奈良県社会福祉士会会長などを歴任。著書『対人援助職の燃え尽きを防ぐ』『続・対人援助職の燃え尽きを防ぐ 発展編』『物語で学ぶ対人援助職場の人間関係』『日常場面で実践する 対人援助スーパービジョン』『マンガで学ぶ対人援助職の仕事』（いずれも創元社）など。

〈ホームページ〉http://tueda.net/

物語《ものがたり》で学《まな》ぶ 地域共生社会《ちいききょうせいしゃかい》をつくるソーシャルワーク

二〇二四年一〇月二〇日 第一版第一刷発行

著　者　植田寿之

発行者　矢部敬一

発行所　株式会社 創元社

〈本　社〉〒五四一-〇〇四七 大阪市中央区淡路町四-三-六

電話（〇六）六二三一-九〇一〇㈹

〈東京支店〉〒一〇一-〇〇五一 東京都千代田区神田神保町一-二 田辺ビル

電話（〇三）六八一一-〇六六二㈹

〈ホームページ〉https://www.sogensha.co.jp/

本書を無断で複写・複製することを禁じます。

乱丁・落丁本はお取り替えいたします。

定価はカバーに表示してあります。

組版 はあどわあく　印刷 ＴＯＰＰＡＮクロレ

ISBN978-4-422-32088-5 C0036

好評既刊

対人援助職の燃え尽きを防ぐ
——個人・組織の専門性を高めるために

植田寿之著　1800円

対人援助職で燃え尽き症候群に陥る人が増える中、その防止策として個人と組織の専門性を高めることを提案。高度な感情コントロールも含め、疲れや対人ストレス軽減をめざす。

続・対人援助職の燃え尽きを防ぐ　発展編
——仲間で支え、高め合うために

植田寿之著　1800円

対人援助職がチームで仕事をする際の摩擦や典型的トラブルを例示しながら、仲間で問題解決し高め合う具体的な方策を解説する。前著『対人援助職の燃え尽きを防ぐ』の発展編。

物語で学ぶ対人援助職場の人間関係
——自己覚知から成長へ

植田寿之著　1800円

対人援助職場の職員同士が良好な人間関係を築き、質の高い利用者支援と職員集団の成長を図る方法を提示する。「自己覚知」をキーワードに、全一〇話の架空の物語と事例で構成。

日常場面で実践する　対人援助スーパービジョン

植田寿之著　2300円

特別な技術や機会は要さず、日常場面や技術を活用することで、誰もが日々実践できる「普段着のスーパービジョン」を易しく解説。仲間同士で育てあい人材育成と定着を図る。

マンガで学ぶ　対人援助職の仕事
——在宅介護と介護予防をめぐる人々の物語

植田寿之著、青野渚漫画　1800円

高齢者介護に携わる対人援助の専門職が、仕事仲間や地域住民と支えあい成長する姿を描き出す。オリジナル・ストーリーのマンガと要点解説によって、専門技術の習得をめざす。

〈価格には消費税は含まれていません〉